JN059717

カール・バルト入門
21世紀に和解を語る神学

上田光正

日本キリスト教団出版局

はじめに

初めに、本書の書名と趣旨について説明したい。

カール・バルト（Karl Barth, 1886-1968 年）の神学について、入門書のようなものを書いてみたいと思ったのはごく最近のことである。すぐに思い浮かんだ表題がそのものずばりの「バルト神学入門」であった。さっそくこの種の題でどのような本が出版されているかを調べてみたら、既に大著『カール・バルトの生涯 1886-1968』（以下『バルト伝』、巻末文献表 44 参照）の著者であるエーバハルト・ブッシュの同名のものが出ており、日本語訳もあることを知って驚いてしまった。ブッシュといえばバルトの最晩年、キルシュバウム女史が病で倒れた後を引き継いでバルトの秘書を彼の死まで務め、上記の書物を著して高い評価を受け、ゲッチンゲン大学の組織神学の教授に抜擢された人である。バルトに関する著書はほかにもあるし、日本にも 2 度ほど講演に来られたから、バルト神学の入門書を書くにはまさに最適の人であると思えた。

その後さらに調べてゆくうちに、日本では実にバルトの主要な著作がほとんど邦訳されていることにいっそう驚いてしまった。全部で 13 巻、1 万頁以上ある大著『教会教義学』は言うに及ばず、公刊された全著作 976 点のうち、バルト研究には絶対に欠かせない重要な著書はほぼすべてと言ってよいほど邦訳されている。説教集や書簡などももちろん含まれていて、日本人研究者の誰もが近づけるようになっている。大変幸福なことだ。昔わたしがドイツ語とラテン語の辞書を引き引き格闘して取り組んだアンセルムス本『知解を求める信仰』（巻末文献表 19 参照）などもちゃんと訳されている。思うに、この約 100 年の間、日本の教会はその弱小さにもかかわらず、まさに命がけの努力と熱心を傾けてこの「バルト神学」なるものにかじりつき、何とかしてわが教会のものにしようとしてきたということが、今更のごとく感無量の思いをもって思わされるのである。

特にわが国において、このように数多くの学者や研究者たち（その中には必ずしも神学を専門分野としない人々もかなり多い）が注目し、熱心に研究された神学者は、例えば哲学におけるカント、ヘーゲルなどと比較しても、いささかのそん色もない。いや、もしかしたら彼ら以上なのではないか。かく言うわたし自身も、まさしく決死の思いでドイツに留学し（1968年～）、5年半もかかってバルト神学の神髄を究めようとしてきた人の一人なのである。

そのバルトが死んで約半世紀が経過した。ようやく優れた伝記本も世に現れたと言える。前掲のブッシュの『バルト伝』は邦訳で約700頁あり、索引もついている。バルトを最もよく知る人の手になるものなので、今後の研究者にとってはその基礎資料として一生座右の書となろう。また、大木英夫の『バルト』（巻末文献表46参照）も、一日本人神学者としてバルト思想と真摯に向き合い、対話しつつわが国に紹介した労作として、内容的にも大いに評価されてよいであろう。

しかしながら、バルト神学の神髄とは何であり、どの点で彼が提唱した福音理解がまことに聖書が証ししている福音と一致し、教会がそれによく耳を傾けて自らを建てるべきであり、建てなければならないものなのかという点は、決して十分に解明されたわけではない。

もっとも、ここで一人だけ、バルトをよく理解した人がいるので、彼の名前は挙げておかなければならない。それはエーバハルト・ユンゲル（1934-2021年）である。彼はバルトの弟子第2世代に属し、ヒトラーに追われてスイスのバーゼルに来ていたバルトの演習とゾチエテート（講読研究会）に、1957年の冬学期頃から出席していた。「非常に生き生きと討論に参加した」（『バルト伝』610頁）そうだ。その彼が1964年に著した『神の存在は生成の中にある』という書物（巻末文献表47参照）がそれである。この書物はバルト神学の神髄が神の恵みの選びの教説（KD II/2）とそれを更に具体的に展開した「和解論」（KD IV/1-3）の二つの中にあると見ており、その後のバルト研究に計り知れないほど大きな影響と指針を与えている。わたしがこれから執筆しようとしている本書もまた、基本的には彼が考えたように、バルト神学を「恵みの選びの教説」

と「和解論」を中心に紹介すれば最も分かりやすいとの理解に基づいている。バルトがまだ生きていたころにあのような書物を世に出せるのはまさにユンゲルが神学者として優れた人物であることを証ししていると言えるので、読者にひとこと紹介した次第である。

しかしこの書物さえも、大木英夫が『バルト』の最後に適切にも次のような批評を加えている。「これに対してユンゲルが代表する学術的バルト解釈は、バルトの死後バルトをどう継承していくかという課題について、より深い問題をもつことになると思われる。その問題とは、バルトの世界史的意義を単なる思想史的意義へと浮上せしめる可能性がある。バルト神学の問題をアカデミズムへ転移せしめる……」(『バルト』320 頁)、と。大木のこの評価は、わたしの解釈では、バルト神学がその天才的な「恵みの選びの教説」とその具体的展開である「和解論」の中に中心的意義があることまでを否定しているものではない。そうではないが、バルト神学は決してアカデミズムの中で簡単に定式化されたりドグマ化されたり権威化されたりして過去のものとされてはならないものであるという意味において、「未だに何が継承されるべきかが解明されていない神学」であることを意味しているであろう。

その意味において、死後半世紀たった今日、ようやく世界の研究レベルがその「入門書」を書けるか否かの段階に来た、と言えるような神学であると思う。そして、今日、彼はこの 21 世紀になおわれわれが聴くべき神の言葉を語った人であると(ようやくにして!)正しく評価され始めた。いや、もう少し丁寧に言い直せば、ようやく膨大な『教会教義学』の内容が正確に把握され、正しく解説される段階に達した、と言ったほうが正確かもしれない[1]。例えば今日、「ルター神学入門」や「カルヴァン神学入門」を書くことはある程度まで専門的に研究した人なら誰にでもできる。しかし「バルト神学入門」となるとそうはいかない。「入門書」なるものに人々が期待するものは、ほんの少しでもその人について興味と関心のある人から始めて、これからいささかの研究を志す人をも含めて、その思想が概観でき、その人が生涯取り組んだ中心問題

1　例えば、C. E. Gunton のものなど(巻末文献表 50 参照)。

が何であり、どこに注意や焦点を絞る時にそれがその他の部分と共に最も確実に読者自身にとっての実存的な問題となるかを「先達」として指し示すということであろう。言い換えるならば、「バルト」という財宝の鉱脈をどのように探り当てたらよいのか、鉱脈の全体はどうなっていて、財宝はどのあたりを中心に埋まっているのか、等々に関する有益な「オリエンテーション」が提供されることにあると考える。しかもある程度コンパクトで平易であることが求められる。今日、「バルト神学」に関しては、まだそのような書物が少ない。

実際のところ、ブッシュの『バルト神学入門』（巻末文献表 45 参照）はバルトの全貌を捕まえていてわれわれ研究者にとっては大いに参考になるものであるが、恐らく初心者にはやや難解であるに違いない。

が、ともあれ、わたしが残りの人生で日本の教会に貢献し得る最大の事柄は、やはり、これから神学を学ぼうとする若い人たちや既に現場で活躍しておられる牧師・伝道師たちにとって少しでもお役に立てられるよう、本書を仕上げることであると考える。

2022 年 11 月 20 日　伊東にて

著 者 識

凡　例

1　本書における旧・新約聖書からの引用は、基本的には日本聖書協会発行の『聖書　新共同訳』による。また、各巻の書名の略記法もそれに従う。それ以外の場合にはその旨を記した。

2　聖書の外典・偽典の書名の略記法については、教文館 1975–76 年発行の『聖書外典偽典』のそれに従う。

3　引用文は邦訳がある場合にはおおむねそれをお借りした。ただし、『教会教義学』からの引用に限って私訳した箇所があり、その場合は「私訳」と明示した。また、訳が不正確であったり不十分・不明瞭であったりした場合には、引用者が無断で補充または訂正することがある。また、引用者が説明のために付加した言葉は〔 〕で表現する。

4　引用箇所の表記は、通常の略記法に従って（例えば、『教会教義学』第 4 巻第 2 分冊 125 頁は KD IV/2, S.125、あるいは KD IV/2, S.125［『和解論』II/1, 203 頁］というように）書名と頁数のみを本文の中に括弧書きで示し、書名等の詳細は巻末の文献表に明示した。その他の書物の引用の場合には、脚注に記した。

5　邦訳のある場合はできるだけその情報を鍵括弧［ ］で併記した。これらのことは、研究を更に進めたい読者の便宜に供するためである。

カール・バルト入門

21 世紀に和解を語る神学

＊

上田光正

I部　バルトにとっての啓示の意味

初めに、われわれがバルト神学を学ぶ今日的な意義について考えてみたい。

バルトは自分が神の啓示を受けたと強く意識している人である。彼の書いたものを読んで当時の人々が大なり小なり衝撃を受けたのもそのためであると思われる。また彼は、人間が神から啓示を受けるということを非常に大切な出来事と考えている。それゆえに彼は、旧約の預言者と同様、「神が語った」（Deus dixit）という言葉を神学の中心に据えた。われわれは、バルトにとって「神が語った」とはどのようなことを意味するのかを、はじめに解明しておきたい。そのことが同時に、21世紀に生きるわれわれがバルトを学ぶ意義の解明につながるであろう。

1章　バルト神学の揺籃

自由主義神学の学徒バルト

バルトは最初は、いわゆる「自由主義神学」（Liberal theology）の陣営の空気を深く呼吸していた。神学生時代（1904年～）には「自由主義神学の祖」と呼ばれるシュライアーマハー（1768-1834年）を慕い、彼のキリスト教理解に大いに共感していた。しかし、元々バルトの育った家庭は保守的な信仰の家庭で、またその家系であった。父親のフリッツ・バルトは自身牧師であった時からの保守主義者であり、スイス国ベルンの神学部の教会史と新約学の教授に抜擢された後も、神学的には一貫してパウロを重んじる保守主義者であった。ただし、フリッツは社会問題にも強い関心を抱き、自分から進んで関わりを持つ人であった。父親は、自分の息子がベルンで神学生としての初級試験に合格すると、彼をハレかグライフスヴァルトのような敬虔主義的な神学校に行かせたかったようである。しかしバルト自身は、シュライアーマハーの精神に強く魅せられていたから、当時それを最もよく受け継いでいると目されるヴィルヘルム・ヘルマンのいるドイツのマールブルクで学びたかった。どうしても父親との折り合いがつかなかったので、妥協点として、その当時中立的であったベルリンの神学部へ行ったようである（18歳、1906年）。

ここで、今後幾分重要となると思われるので、神学における「保守」と「リベラル」の相違について説明しておきたい。当時教会内では、信仰上の保守的な正統主義に対して、宗教に無関心となっていく近代人にも訴えられるように、人間の自然的宗教心や近代意識に訴える神学的な立場が強くなり、彼らは「新・プロテスタント主義」とか「自由主義」（Liberalismus）と呼ばれていた。これは、聖書を歴史学や文献批評学といった近代的学問のふるいにかけ、できるだけ伝統的教義にはとらわれず、現代人にとって受け入れがたい奇跡物語やイエスの復活などはすべて「比喩」や「物語」として現代的解釈をほどこす立場であった。当時の神学の圧倒的な主流は「自由主義」の方であった。そこで当然、現場の教会内でも保守主義か自由主義かという対立が起こることは避け難い。また、現場での対立はやはり困るので、自由主義思想には理解を示しつつも、基本的には正統主義の立場に立ってこの両者を調停または和解させようとする立場があり、彼らは聖書の文言はできるだけそのまま「積極的に」受け取って読もうとしたので、「積極主義」（Positivismus）と呼ばれていた。積極主義者は「積極主義同盟」（Positive Union）なるものを形成していた。これらの事情は今日でも十分に想像できる。

しかし、バルトはある出来事をきっかけに、自由主義神学の《無力さ》に完全な見切りをつけて正統的な福音理解に「転向」するのである。この「劇的転向」を理解するために、われわれはもう少しバルトの神学生時代の足跡をたどってみたい。

バルトはベルリンの神学部でA.ハルナックの講義も聴いている。しかし、バルトが碩学ハルナックのレベルの高い講義を聴いてその自由主義的な学風にいささかでも心酔したという痕跡は全くない。彼はやがてベルン大学に戻り、父親は彼に優れた積極主義者のアドルフ・シュラッター（新約学）のいるチュービンゲンへ行くことを強く勧めた（ドイツでは、学生は高校〔ギムナージウム〕の卒業資格さえ持っていれば、全国どの大学でどの教授の講義でも自由に聴講でき、学期が終わると他の大学に移籍することも全く自由であった）。しかし、バルトはシュラッターの講義を父親へのお義理でほんの数回聴いただけで、何の感銘も受けなかったようである[2]。彼はやはりシュライアーマハーに心を奪われていたので、翌春には自分の意志を貫き、とうとうマールブルクに行ってしまった。そこでW.ヘルマンと出会い、彼の熱心な信奉者・追随者となった。それゆえバルトは、思想上のいわゆる「転向」の前までは、自由主義神学の陣営に属し、「ヘルマンの弟子」と呼ばれていたわけである。

バルトの大学遍歴について少し丁寧に述べたのは、これから述べるある出来事をきっかけとなって起こる彼の「転向」を、読者が平面的に「リベラルから保守への転向」と誤解しないでいただきたいからである。

いわゆる「転向」について

もちろんバルトには、パウロの「ダマスコの体験」のような、ある時突然神と出会ったという劇的体験はない。ただし、カルヴァンが『詩篇注解』（In Librum Psalmorum）の序文で遠慮がちに述べている「突然の回心」[3]に相当するある出来事が一つある。それは、彼が自分で述べている次のような出来事である[4]。

1914年8月1日（バルト28歳）、ドイツが第1次世界大戦に参戦した。ちょうどその日に、ドイツ皇帝ヴィルヘルム2世の戦争遂行政策に対

2　ただし、後にシュラッターを高く評価するようになる。

3　カルヴァン『旧約聖書註解 詩篇I』出村彰訳、新教出版社、1970年、9頁以下。

4　Nachwort zur Schleiermacher-Auswahl, S. 293.［「シュライエルマッハーとわたし」『神学者カール・バルト』93頁以下］。巻末文献表57参照。

する全面的な支持を表明する93名のドイツ知識人たちの署名入りの文書が公表された。それは、ドイツ神学界の最長老とも言えるアドルフ・フォン・ハルナック（1851-1930年）によって起草されたものである。青年バルトが肝をつぶすほどに驚いたことは、そこに彼がそれまで尊敬してやまなかったほとんどすべての自由主義神学者たちの名前が軒並み並んでいたことである。彼が師と仰ぐヴィルヘルム・ヘルマンも例外ではなかった。尊敬すべきたった一人の例外はマルティン・ラーデだけである。このことは、バルトにとっては天地がひっくり返るほどの大きな衝撃であったと彼は述懐している。なぜならそのことは、今まで彼が信じてやまなかった自由主義神学の聖書釈義、倫理、教義学、説教と教会形成の全建造物が、結局は戦争イデオロギーに加担するものでしかなかったことを見事に露見させる出来事だったからである。バルトの前で、自由主義神学の巨大な伽藍が音を立てて崩れ落ちた。

バルトは一切の精神的支柱を失ってしまった。そして、生涯の友であったエドゥアルト・トゥルナイゼン（1888-1974年）とともに短い間であったが、ドイツを彷徨する旅に出た。その後更に一人で以前訪ねたことのあるバート・ボルの（子）ブルームハルトを再訪し、5日間そこに滞在している。そして、この（子）ブルームハルトとの出会いによって、バルトはまさしく十分に納得のゆく「福音」の再発見をしたのである。バルト神学の形成の基礎はこの時に与えられたと言って過言ではない。実際に、福音をその真理性と豊かさにおいて十分完全に理解することほど、人間にとって大きな幸いはない。なぜならば、その人はあのイエスの「幸いなるかな」（マタ5・3以下参照）の祝福をいただき、生涯その中に留まることができるからである。バルトは旅行から帰るとすぐにブルームハルトについての書物を読み始め、それから、新約聖書をもう一度自分の目で徹底的に読み直そうと決意し、まずロマ書から始めた。この時、彼があらゆる神学的装備を整えて自分の庭のリンゴの木の下で読み――彼の心にはすでにブルームハルト父子の信仰の息吹が吹き込まれていたので――、読んで気づいたことは片端からノートに書き込み、読みに読み、書きに書いてでき上がったものが、後に『ロマ書』（巻末文献表5参照）として出版され、彼の名を一躍有名にしたのである。

この（子）ブルームハルトとの出会いが、バルト神学を形成する最も重要な出来事であったことは間違いがない。しかし、彼の神学をよりよく理解するためには、わたしはもう一つの事柄をも読者の念頭に置いていただくことが非常に重要であると考えている。それで、ブルームハルトとの出会いについて述べる前に、そのことを述べておきたい。

父の影響

それは、彼の父フリッツ・バルトの突然の死である。それは、上記の出来事のほぼ2年前に起こった。彼はこの父を父としても牧師としても人間としても、そして、学者としても非常に尊敬していた。実際、父フリッツはこれらすべての意味において大いに尊敬に値する人であったようである。バルトはこの父親に対して小さな「父親コンプレックス」を抱いていたという[5]。自分はとてもこの父のようにはなれない、と思っていたのであろうか。いずれにしても、その父親の小さな写真を一生の間自分の机のすぐ前に飾っていたが、このように父親を尊敬する人は神学者の中でも珍しい。

父親は敗血症で倒れて急逝した。その時に父が彼に与えた最後の言葉のことを説明すると、彼が父から受けた影響の内実がどのようなものであったかがおよそ分かるのではないか。

最後の言葉はこうであった。「主イエスを愛することが主要な事柄である。学問でも、教養でも、文献批評でもない。神との生きた結びつきが必要である。それを与えられるように、われわれは主なる神に祈り求めなければならない」。父親は枕元に駆けつけて来た息子に対して、あたかも教室で神学生に語り聴かせるかのような厳かな口調でこう語って

5　『バルト伝』99頁参照。小川圭治はそれが若いバルトを自由主義神学へと走らせ、父親の死によってその対象を失ってしまったと推測しているが（『ロマ書』下550頁）、はたしてどうであろうか。そのような次元もあったかもしれないが、若きバルトがシュライアーマハーの『宗教論』を読んで「我見いだせり！」（ヘウレーカ！）と欣喜雀躍したことも間違いがない（『バルト伝』57頁）。

息を引き取ったという（『バルト伝』98頁［巻末文献表44参照］）。

考えてみれば、父親は一度も息子に自由主義神学を捨てろと言ったことはなかった。助言はしたが、暖かく見守っていた。しかし、父親の最後の言葉、「イエスを愛しなさい」という言葉は、まさしくバルト神学の全体の中に脈々と流れ、その根本的なモチーフを形成していると見てよいであろう。いやそれだけではない。「イエスへの愛」は、彼が神学者となるはるか以前の幼年時代からその死に至るまでの全生涯を表している言葉のようにわたしには思われる。つまり、死の床で語ったこの父親の言葉が、バルトにとって最も深いところにある自己本然の思いを彼の中に呼び醒ましたのではないか、と思われるのである。

もしバルトに「宗教性」という言葉を当てはめるなら——バルトはもちろん、「宗教」とか「敬虔」という言葉を好まないが——「イエスへの愛」という言葉が、唯一ふさわしいのではないかと思われる。彼が副牧師時代のジュネーブと主任牧師時代のザーフェンヴィルで行った説教で特に目立つのは、最初から最後まで一貫して変わらないイエスへの愛である[6]。

また、神学者としてのバルトを考える上で、彼が自分のことを好んで「神様の愉快なパルチザン（遊撃隊員）」と呼んだことも大いに参考になる。彼は死の約1カ月前にラジオ放送でも同趣旨のことを語っている。1968年11月中旬（82歳）のことである。スイス放送が企画した「ゲストのための音楽」という番組に招かれたバルトは、大好きなモーツァルトのレコードを聴きながら次のような証しをした（彼は1935年、49歳の時にボン大学からヒトラーによって追放されて以来、スイスのバーゼル大学で教え、バーゼルで生を終えている）。「わたしが神学者として、そしてまた政治家として、語るべき最後の言葉は、『恩寵』のような概念ではなく、一個の名前、イエス・キリストなのです。この方こそ恩寵であり、この方こそ、この世と教会とそして神学との彼岸にある、究極のことなのです……。わたしが、わたしの長い生涯においてつとめてきたことは、いよいよ力をこめて、この名をとくに強調して、そして、《そこにこそ！》

6　Vgl. Predigten 1913 u. 1914. 巻末文献表1,2参照。

と言うことであります」[7]、と。ここにバルトの「キリスト中心主義」が明確に表明されているが、その内容は後に詳しく考察したい。ここで彼が語った「イエスを愛すること」こそが、神学者バルトの真骨頂であり、その強靭な、そして、「弁証法的」とも呼ばれるダイナミックで人をひきつけてやまない思索力の秘密であり、彼が「神学する」根源的な動機、また力であったとわたしは強調したいように思う。

この「イエスへの愛」を考える上で、もう一つ思い起こしたいものがある。それは彼が『教会教義学』の中で学生たちに語った、次のような幼い頃の思い出である。彼は幼い頃、神学者ブルクハルトの作になる讃美歌をよく歌っていたといって次のように言っている。「彼〔ブルクハルト〕の童謡はその頃のわたしの幼さに見合った最初の神学教育の教科書となった。わたしに消し去ることのできない印象を残したのは、これらの、本当に素朴な詩が、クリスマスや棕櫚の主日や聖金曜日やイースターや昇天日や聖霊降臨日の出来事について、まるでその他の、にぎやかな日常の行事と同じように、今朝、バーゼルかまたはその近郊で偶然起こった出来事であるかのように歌っている、あの親しみのある分かりやすさであった。それは歴史なのか。はたまた教説なのか。教理なのか。神話なのか。いや、そうではない！　これらはすべて、本当に起こった出来事なのだ。これらの讃美歌は、ちょうど、まさに今母親が一緒に歌うのを聴いてわれわれも一緒に歌うように、救い主は他の同じ年頃の子どもたちの挨拶を受けながら、ベツレヘムの馬小屋で、エルサレムの街の通りで、荒涼としたゴルゴタの丘の上で、ヨセフの庭園で、朝まだきに御姿を現される……。全く素朴なことではないか。確かに素朴なことではある。だがそれはおそらく最も深い知恵の持つ素朴さであり、そして、最高度の力に満ちている。こういったものは、一度習得されたならば、後になってその人間が、歴史主義と反歴史主義の、神秘主義と理性主義の、正統主義と自由主義と実存主義の大海をも乗り越えて――確かに試練と誘惑には遭うだろうが、しかし、比較的無傷のままで――通

7　このインタービュー記事は、『最後の証し』として出版されている。Vgl. Letzte Zeugnisse, S. 30f.［『最後の証し』42 頁以下］。巻末文献表 41 参照。

り抜けて、いつの日か事柄そのものへと帰りつくことができるように、上手く導いてくれるものなのだ」（KD IV/2, S.125［『和解論』II/1, 204 頁以下］私訳）。

ここでバルトが言っているのは、幼い時心に深く刻印された救い主の生涯についての印象が、あらゆる現代思潮との真剣勝負を挑んできた彼の生涯を通して消えることなく、常に彼を「事柄そのもの」へと導いてくれた、ということである[8]。

それだから、彼は自由主義神学の歴史批評学に頭から反対して積極主義を選んだわけではない。彼はシュライアーマハーのキリスト教精神に共感し、その目的でヘルマンに学んだだけである。シュライアーマハーがバルトにとって魅力的であったのは、この人が詩人のアンゲルス・シレジウスが言った、「キリストがベツレヘムに千回お生まれになったとしても、あなたの心の中にもお生まれになるのでなかったなら、あなたにとっては意味がない」という言葉の内実を体現した人であると思えたからである。それは「イエスへの愛」であったと言ってよい[9]。伝道者になろうとしたことも同じ動機であると思われる。

ちなみに、彼はゲッチンゲン大学から神学教授としての招聘を受けるまでは、いわゆるアカデメイアの道を歩んで「神学教授」として出世しようとはあまり考えていなかったようである（著述家にはなりたかったふしがある）[10]。彼は神学校を卒業し、25 歳で主任牧師の資格を得ると、最初はスイスのザーフェンヴィル（当時の人口約 1600 人）で 10 年間牧師として奉仕した。それでも十分満足できたのかもしれない。また、ザー

8　その意味では、バルトは幼児洗礼を否定したが、わたしはむしろ、キリスト者の家庭に生まれ、幼児洗礼を受け、父と母から最も良い信仰的な教育と薫陶を受けた中からこそ、バルトのような、真に神の《聖》と《愛》と《義》に触れて生きる信仰者が育ち得ると思えてならないのである。

9　この意味において、バルトがシュライアーマハーを拒否したことと、E. ブルンナーがそうしたこととは意味が違う。ブルンナーはシュライアーマハーを全否定して「神の言葉の神学」を唱えたが、バルトは彼の神学方法を否定したが、「イエスへの愛」において、シュライアーマハーのキリスト教精神には生涯かなりの親近感を持ち続けていたと思われる。Vgl. Nachwort zur Schleiermacher-Auswahl, S. 296ff.［「シュライエルマッハーとわたし」『神学者カール・バルト』100 頁以下参照］。巻末文献表 57 参照。

10　バルトは 13 歳の時、それまでの自分の著作を 1 巻にまとめ、『カール・バルト全集——祖母に献ぐ』という表題を付けたという。『バルト伝』36 頁。

フェンヴィル時代の労働者との連帯も、クッターやラガツの宗教社会主義思想の影響によることはあろうが、その根には純粋なイエス・キリストへの愛があったことが忘れられてはならない。それは、イエスを愛するがゆえに、イエスが愛し給う自分の教会員たちを愛したということに他ならない。決してF. W. マルクヴァルトが考えたような意味で[11]、バルト神学の「生活の座」（Sitz im Leben）が社会実践にあり、それが彼の神学思想を解明する鍵であるというように考えることはできない。

ただ、あの「93名の署名」は自由主義神学が彼にとっては根本的に《無力》であることを証明してしまった。それに、彼はザーフェンヴィルで牧師をしていた時から既に、自由主義神学では二つの独占企業の搾取にあえぎ苦しむザーフェンヴィルの村民の前で説教がしにくいことを感じはじめていたようである。

ともかく、バルトはまだ、福音を福音たらしめているものが何であるかを見いだしてはいなかった。それに内実を与えたものは、明らかに、ブルームハルト父子との出会いである。

（子）ブルームハルトとの出会い

バルトは1915年4月（29歳）に、バート・ボルの地に（子）ブルームハルトを訪ねて5日間を共に過ごした（『バルト伝』121頁以下）。この訪問と出会いがバルト神学に与えた影響は実に計り知れないほど大きい。その証拠に、ブルームハルトの「待ちつつ急ぎつつ」（Wartend und eilend）という言葉はバルトの著作に何度も出てくるし、もう一つの、「イエスは勝利者である！」（Jesus ist Sieger!）という言葉などは、そのまま『教会教義学』の最後に近い1節（KD IV/3, §69, 3）の表題にまでなっている。その影響は、バルトの最晩年に至るまでその神学の中核部分を形成していたと言ってよい。

バート・ボルという土地は、バルトがその精神的支柱を失った時に訪れるには最適の地であった。なぜなら、そこで彼を迎えた（子）ブルー

11　Vgl. F.-W. Marquardt, Theologie und Sozialismus. Das Beispiel Karl Barths. 巻末文献表48参照。

ムハルトは、父ヨハン・クリストフ・ブルームハルトの信仰をそのまま純粋に受け継いでいたからである。

父ブルームハルト（1805-80年）は、かつてシュトゥットガルトの西南にある小さな村メットリンゲンで牧師をしていた。そしてその地方に小さな信仰復興運動を起こした人である。その次第は井上良雄の『神の国の証人ブルームハルト父子――待ちつつ急ぎつつ』（巻末文献表51参照）の68頁以下に詳細に述べられている。それは、その村に住む一人の極度の精神疾患に侵されて苦しんでいたゴットリービン・ディトゥスという少女の病を奇跡的に癒やしたことに始まる。ただしそれは、牧師が医療の代行をするいわゆる「悪魔祓い」をしたといった類のものではない。少女は牧師を完全に信頼していたが、牧師は医師との連携プレーの必要性をよくわきまえていた。しかし、「医者がどのように熟練し技術に長けていても、本来的にいやすのは医者ではない」[12]という確信の下、牧師は自分に与えられた牧会者としての業に渾身の祈りをささげて看病に当たった。その治療は次第に悪霊との幾日にも及ぶ激しい死闘となった。最後に少女が倒れてほとんど死んだようになる中で、少女自身の口からではなく、そばで見ていたその姉の口を借りて、悪霊が人間の喉から出たとは到底思えないようなしわがれた声で、「イエスは勝利者だ（Jesus ist Sieger）！」と呻くような声をあげて逃げていったという。少女はすっかり健康体となり、その一家も病魔から救われた。

このブルームハルト父子の特異な存在とその信仰の息吹が、フリートリッヒ・ツュンデルやオットー・ブルーダー、ゲルハルト・ザウターといった神学者や伝記作家らの調査と伝記を通じて多くの人々に「神は生きて働いておられること」の強烈な証しとなり、その地方に小さな信仰復興運動を起こした。更にこの運動は、H.クッターやL.ラガツといった社会活動家たちにも強い影響を与えて、ドイツのいわゆる「宗教社会主義運動」の一つの源流となっている。

12　井上良雄『神の国の証人ブルームハルト父子』84頁。巻末文献表51参照。

「待ちつつ急ぎつつ」

ここで、父ブルームハルトの標語「待ちつつ急ぎつつ」（Wartend und eilend）[13] についてぜひとも一言——これは何度もバルトの著作に出てくる重要な言葉なので——述べておきたい。この言葉でブルームハルトが語っているのは、「生きて働く神」に対する人間のあるべき根本的な態度についてである。ブルームハルトによれば、世界の救いはこの「生きて働く神」から、つまり、「垂直に上から」（senkrecht von oben）やって来る。いや、神の国は「既に来た」のであり、「イエスは勝利者」なのだから、「すぐにも来る」のである。この「垂直の次元」を仰ぎ見て待ち望むことが、人間にとっては無限に重要なのである。人間は基本的に言って、神を「待た」（warten）なければならない。なぜなら、神は人間に、悪しき世を善き世に変える作業を完全に任せてしまい、御自分は何もなさらないのではない。否、全く逆なのである。神はこの世を愛してその御独り子の命を賜ったのであるから、今も生きて働き給う。そしてすぐに来るのである！　それだから、人間は世界の政治的・社会的無秩序のただ中においてこそ、いよいよ神の救いを堅く信じて「待ち」、それを「証し」し、自分に責任として委ねられた（愛の）業を「急いで」（eilen）行う。命はいつまでもあるわけではないから、怠惰は慎まなければならないのである。

このように述べると、読者には、「何だ、それは当たり前のことではないか」と受け取られそうである。しかし、ブルームハルト父子にとって、また、それを受け継ぐバルトにとって、ここでますます重要となってくる事柄は、神から人間に至る道は豊かに備えられているが、人間から神に至る道はない、ということなのである。それだからこそ、人間は「待ちつつ」あらねばならないのである。そのことがブルームハルト（およびバルト）にとっての「垂直に上から」の意味であり、われわれは次の２章で直ちにその意味内容を解明しなければならない。それゆえ、先

13　1ペト1・13はルター訳では、warten und eilen となっている。父ブルームハルトはこの言葉を愛し、その終末論的信仰をこの言葉に託して表現した。

ほども述べたばかりであるが、バルトの「転向」は「自由主義神学から正統主義神学への転向」と単純化することはできない。つまり、自由主義神学には神へと至る道はないが、正統主義神学にはそれがある、という単純なものではない。そうではなく、自由主義神学にも正統主義神学にも、人間から神への道はないのである。しかし、神から人間への道はある。後者があるからこそ、前者はない、と言ってよい。それがブルームハルトにとっての「待ちつつ急ぎつつ」の意味であり、バルトにとっての《垂直に上から下へ》(senkrecht von oben nach unten) なのである。

「垂直的次元」

さて、子ブルームハルトは父のこの「垂直的次元」の信仰をそのまま受け継ぎ、バート・ボルに大きな療養施設を建てた。彼は父の「垂直的次元」を「水平的次元」に、人々の間に展開していったのであるが、少しも父の持っていた「垂直的次元」を失うことはなかったと言われる[14]。だから、バルトが来た時に、十分に彼の霊的な助けとなることができたのである。

バルトはバート・ボルで子クリストフ・ブルームハルトと出会って彼の「平安汝らにあれ」という説教を聴き、その後彼のもとに5日間滞在し、彼との豊かな対話を行った(『バルト伝』123頁)。しかしどのような内容であったかは知る由もない。

とはいえ、E. ブッシュがこの出会いの意味を次のようにまとめている言葉は、まことに適切であるとわたしには思われる。「そして彼〔バルト〕にとってさらに重要になったのは、ブルームハルトにおける、神認識とキリスト教的な未来の希望との原理的な結合であった。それによってバルトは、神をまったく新しく、世界の根本的な改革者として、しかも同時に世界に対して絶対的に新しい者として理解することを学んだ。この地点から、彼は先へと前進することができたし、またそうしな

14　G. Sauter, Die Theologie des Reiches Gottes beim älteren und jüngeren Blumhardt. Zürich:Zwingli Verlag, 1962, S. 93.『バルト』86 頁より。巻末文献表 46 参照。

ければならなかった」（同123頁、強調：引用者）、と。すなわち、バルトはこの出会いを通し、ブルームハルト父子の信仰の中に、「生きて働く神」を見たのである。その神こそが真の意味で人間に「希望」を与える「世界の根本的な改革者」であって、人間ではない。それ以来、彼はしばしば、「世界は世界である。しかし、神は神である」という言葉を語るようになった。

言うまでもなく、それはバルトにとって完全に新しい「神認識」である。この「生きて働く神」の認識と息吹が、バルトの鋭い感受性と信仰的慧眼によって受け取られたものと思われる。だからそれは、「キリスト教的な未来の希望」と「原理的な結合」（同123頁）をしていた。なぜなら、その神は「生きて働く神」なるがゆえに、人類に真の「希望」を与えるものだったからである。

全く同じことを、日本の神学者大木英夫は、より意味深長な言葉で次のように表現している。「〔バルトが見出した〕神の『主であること』の明白な把握は、ただ単に思惟様式の変更によって果たされるものではない。そこで同時に直視しなければならないことは、バルトがブルームハルトにおいて見た『力の問題』（本書35頁）である。実は、この問題の解決が思惟様式の変化を要求するのである」（『バルト』318頁、強調：引用者、巻末文献表46参照）と。ここで大木が問題は「力の問題」であると言って自分の著作『バルト』の35頁を指示しながら述べている事柄の趣旨は、バルトやブルンナーらの弁証法神学の最も深い《力》は、ブルームハルト父子の中にあった「生きて働く神」との出会いから与えられた《霊的な力》（1コリ4・20参照）にある、ということである。

大木は「（霊の）力」という言葉で「神の国は言葉ではなく力にある」（1コリ4・20）のパウロの言葉を念頭に置いているようである。彼はこう言っている。「父ブルームハルトは悪魔を追い出すような『力』をもっていた。世界史の問題と取り組むということは、世界史の中に巣食っている悪魔を追い出すようなことである。そのために『神』の力がなければならない。しかしバルトは、この『小悪魔』すらどうすることもできない。ここに『力の問題』がある……それにバルトは直面したのである。そしてそれは結局は『神』の問題でもある」(『バルト』88頁）と。大木はおそらく、マルコ9・14–29の記事のことなども考えていたにちがいない。近代自由主義神学はこの世界から悪霊を追い出す力を持っていない。ドイツ皇帝の戦争遂行政策に賛成することしかできなかった。現在のバルトも同様である。世界から悪霊を追い出し、真に神の国と神の《平和》（シャーローム）を来らせる福音は、真の霊的な「力」を持っていなければならない。それが、バルトが自由主義神学と別れなければならなかった根本的な理由である。

なお、ついでに言うと、バルトはこの時ブルームハルトから受けた印象をこう語っている。「彼は、教義学者や自由主義神学者のそばを、さらに《宗教・倫理的》神学者や、われわれ社会主義神学者のそばを、友好的にではあったが、まったく無関心に通り過ぎて行った。彼は、だれをも非難しなかった。またたれも彼によって非難されていると感じる必要もなかった。しかしまただれをも正しいとは認めなかった。……それは彼にとってあまり重要なことではなかった。というのは彼にとっては別のことがはるかに重要であったから」[15]、と。ここでバルトが「そばを通り過ぎて行った」と語っているのは、決して「水平的次元」の事柄を置き去りにしてしまったのではない。ひとえに「別のことがはるかに重要」だったからである。

ちなみにこれは、第2次世界大戦が始まったその日に授業でバルトが学生たちに語ったと言われる次の名言と、とてもよく似ている。彼はこう報告している。「私はここボンにおいて、私の学生と共に変わることなく講義や演習を続けており、あたかも何事も起こらなかったように——おそらく、かすかに高められた調子で、しかし直接の関係なしに——神学に、そして、ただ神学する事だけに努力している」[16]と。バルトにとって、人間は危急のさなかにおいてこそ、「水平的な事柄」をまず「通り過ぎて」行き、ひたすら「神を待た」なければならない。それは、

15　Auf das Reich Gottes warten. 巻末文献表3参照。引用は『バルト伝』124頁より（強調は引用者)。巻末文献表44参照。

16　Theologische Existenz heute, Heft 1, S. 3. [「今日の神学的実存」『著作集6』71頁]。巻末文献表34参照。

「水平的次元」を忘れたのではないことは、彼のナチスに対する腹のすわった、そして決してひるむことのない抵抗から分かる。御承知のように、彼は1934年5月にバルメンに集まって来た、ヒトラーの教会支配に抵抗するためドイツ中の各教派の代表たちが参画した第1回告白教会会議のために、後に「バルメン宣言」の名で呼ばれるようになった声明文[17]を起草した。この「垂直的次元」こそ、今やバルトにとって、ほとんどの現代人が忘れてしまっており、預言者が「神が語った」と言って民を呼び醒まさなければならなかった事柄だったのである。

2章 『ロマ書』を中心に

ブルームハルトの影響が直ちに顕著な形を取って現れたのが、4年後の1919年に出版された『ロマ書』第1版であり、それがさらに「いわば石ころ一つも残っていないほど」（マコ13・2参照）全面的に改訂されたその第2版（1922年出版）である。普通、バルトの『ロマ書』という場合には第2版を指す。本書でもそうする。

タムバッハ講演から

しかし、われわれはこの『ロマ書』の検討に入る前に、まず、1919年9月にバルトがタムバッハで行った宗教社会主義協議会での主題講演「社会の中のキリスト者」（『著作集6』25頁以下、巻末文献表4参照）を一瞥しておかなければならない。なぜなら、この講演こそはバルトの名をドイツ全国に衝撃波の如くに伝えたものであり、私見によれば、ゲッチンゲン大学がバルトに招聘状を送ったのも、これによると思われるからである。というのも、『ロマ書』がどんなに一部の人々にとって刺激的で衝撃的であったとしても、すぐに理解されるわけではない。それど

17 『キリスト教古典叢書II 信條集 後篇』新教出版社、1967年、321頁以下。

ころか、『ロマ書』はその頃スイスではまだ300部ほどしか売れていなかったのである（ただし、エミール・ブルンナーはいち早くこの書の価値を認め、推奨文を書いている——巻末文献表5参照）。ドイツではバルトは隣国スイスの全く無名の牧師でしかなかった。まだ博士論文も教授資格論文も書いていなかった。そのようなバルトの許に、伝統も格式もあるゲッチンゲン大学から招聘状が来るはずはない。しかし、バルトはこの講演を通して、彼がドイツという国の社会や将来にとって重要な言葉を持った必要不可欠な人物であり、思想家としても研究者としても十分な資質を備えていることを示すことができた。それは、この講演がどんな立場や思想の人であれ、その人に何らかの示唆や道しるべが与えられる優れた講演だったからである。そしてこのことは、その時までに彼がブルームハルトから聴いた福音を言い表す言葉をかなり獲得していたことを意味する。

この講演は「タムバッハ講演」と呼ばれる。バルトはこの講演で、人類の「危急」（Not）と「約束」（Verheißung）について語った。人間は誰でも社会の中で生活しており、そこで多くの問題とぶつかって呻吟し、苦悩している。宗教社会主義運動は、その中で世にあるキリスト者や教会の果たすべき意義と役割を示すことを目的としている。当時、ドイツは敗戦直後の混乱状態であり、宗教社会主義運動は大きな曲がり角に来ていた。

それでは、バルトが語った「この世界」にとっての神の「約束」——したがってそれは、同時に、「われわれキリスト者」にとっての希望でもあり、「人類」の希望でもあるのだが——とは何であろうか。そしてそれが、どのように人類の「苦悩」や「危急」と関わるのであろうか。

バルトはまず、われわれにとっての希望とは、端的に言って、復活者イエス・キリストがおられるということである、と言う。それだから、それはわれわれ自身がキリスト者であることとも、この世にキリスト者がいることとも、まったく異なる。それは「われわれのうちにあるわれわれでないものであり、われわれのうちにあるキリストである」（Der Christ in der Gesellschaft, S.35〔『著作集6』26頁〕）。このことは、宗教社会主義者たちの耳目を少なからずそばだて、中には驚きを越えて不快感を催す者も少なくなかった。なぜなら、人々はこの世に自分たちのような自覚的キリスト者や教会が存在していることこそは、この世に「光」があることだと思いこんでいたからである。しかしバルトは、それは「宗教の不遜」(aaO, S.36［同 28 頁］) だと言う。むしろ、「問題は神であり、神からの運動であり、彼によってわれわれが動かされることであって、宗教ではない」(aaO, S.42［同 35 頁］)。それは神からの「生命運動」、「神の歴史」としてやって来るのであり、他の仕方では来ない。「(それは) 垂直の線であり、閉じられた聖域から世俗の世界の中へ入り込んでくる神の世界突破であり、出現である。すなわち、キリストの、死人の中からの体の甦りである」(aaO, S.43［同 36 頁］)、と言った。

バルトがキリストの復活を前面に出したことは、人々を大いに驚かせた。なぜなら、当時の人々は復活節の意味をあいまいにする信仰と神学の中で育てられていた。例えばシュライアーマハーの神学では「(イエスの) 甦りの事実は……彼の人格論の本来の構成要素ではない」(Glaubenslehre, II, §99)。昇天も再臨も否定されている。その理由は、現代人であるわれわれにとってそれはもはや信じられないからではなく、必要としないからである。しかし、言うまでもなく、キリストの復活を必要としない信仰は希望とは無縁であるし、現に行きづまる。バルトは言う。「そうではなく、『わたしは生きている。あなたがたも生きなさい！』なのだ。開けた耳でこの最後的な言葉を聞くことにより、われわれは、自分たちの希望と危急をわれわれの中に生かしてゆこうではないか」(aaO, S.50［同 44 頁］)) と。このような言葉を今日の日本の教会で聞くことは (恐らく一部分はバルト神学の恩恵ゆえに！) 必ずしも珍しくはない。しかし、当時では全く新鮮だったのである。

バルトは言う。「この世はこの世である。しかし、神は神である」、と。「神は神である (Gott ist Gott)」とは、第1には、神は人間が考えるどのような神とも違う、という意味である。その神を人間は自由に処理することなどできない。神がもし人間の自由処理の対象であるなら、それはもはや「神」ではなく、「この世」でしかない。神は人間の観念や想像の中にあるいかなる「神」とも異なる、「絶対他者」（Das od. Der ganz Andere）である、という。しかしもう一つの重要な意味がある。それは、神は決して人間の手の届かない遠い「彼岸」におられるのではなく、まさに「此岸（しがん）」（この世）で生きて働いておられる、との主張である。だから人間にとって、神の「垂直に上から下への下降線」が、唯一の希望となる。それはバルトがバート・ボルで確信した信仰であった。当時の人々の考えでは、希望は自分たち人間の努力と行動によって作り出されるもので、棚からぼた餅式に「待つ」ものではなかった。しかしバルトによれば、復活者キリストが今御身体をもってわれわれの困窮という事柄に「極めてふさわしく」（sachlich に）、われわれと共に戦い、働かれることこそが希望である。この神の「奇跡」は「全く他なるもの」（Der Christ in der Gesellschaft, S.44［『著作集 6』37 頁］）、「奇跡」であるが、必ず起こる（aaO, S.42［同 34 頁］）。ただしバルトは、それがどのようなものであり、どのようにして起こるかを示すことは「〔人間であるわたしには〕できない」（aaO, S.41［同］）と言う。そしてそれこそがバルトをはじめとする、まさに人間の「弱さ」そのものに他ならない。いやむしろ、人間はこの「弱さ」に踏みとどまらなければならない（aaO, S.43［同 36 頁］）。それはひとえに、この世がどうであれ、この世は神のものであり、絶対的な意味で神の「肯定」（2 コリ 1・20 参照）の中に置かれているからである。「わたしは弱いときにこそ強い」（同 12・10）。

続いてバルトは、イエスの復活において顕れた神のこの世界に対する絶対的な《肯定》は、同時に、人間にとっての絶大な《危機》でもある、と言う。なぜなら、神は救い主であると同時に裁き主であり、人間を徹底的・絶対的に救うために、まず、徹底的に裁かれるからである。それは人類にとって、他のどんなに大きな危急よりも、したがってもちろん、国家の敗北や地球消滅よりも、それどころか、どの人間にとっても最大の危機であるはずの「死」よりも、もっと大きな危急である。なぜなら、「死」にはまだ「甦り」の希望が残されているが、「神」の裁きからは誰も逃れることができないからである。

このようなわけで、バルトは人間の「希望」と「危急」を常に同時に不可分離的に考察し、語る。それがやがて、彼の神学が「危機神学」の名で呼ばれるようになったゆえんである。日本の神学者熊野義孝はそれから10年ほどして、バルトに注目して日本に紹介し始めた。

やがてそれは、「弁証法神学」の名で呼ばれるようになる。それはこの神学が、思索や論述に次のような弁証法の「正・反・合」の論理をひんぱんに用いるようになるからである。すなわち、神による人間の救い（正）は人間の罪（反）と出会い、神の肯定は人間の否定と出会う。それだから、福音を語る時には、それは神の「和解」による「罪の赦し」（合）という形になる。和解とは、神の肯定（正）を否定する人間の罪（反）に対する神の、それを超える抗弁（否）であり、人間の否定に対する完全な否定であるから、「止揚」（Aufheben）されて完全な肯定（合）になる。それだから、大部分の（全部ではないが）神学の命題は、「にもかかわらず」とか、「しかしながら」などの接続詞を使い、弁証法的に、ダイナミックに表現されることが多いのである。

この「タムバッハ講演」において早くも弁証法的構造が見受けられる。まずバルトは、神から来る大きな危機は、直ちに「神による人間の大いなる不安」（aaO, S.47［同41頁］）を意味し、人間はそれを感得せざるを得ない。したがって人間は、この世においては生・老・病・死の四苦に脅かされ、さまざまな不安に悩み、絶えず思い煩いに囚われて滅多にそこから解放されることはない。それはその根底に神による絶対的な「肯定」があるからである。つまり、アウグスティヌスの祈り、「あなたはわたしたちをあなたに向かって創られたゆえに、わたしたちはあなたの御許に安らうまでは、平安を得ることがありません」（アウグスティヌス『告白』1,1,1）が真理となるのである。人間は神の絶対的な肯定があるのであるから、自分で自分を肯定も否定もする必要がない。神の絶対的な肯定を信じてすべての思い煩いを神に委ねればよいのである。それだから、人間の生き方としては、「生のあらゆる妥当性をまずある原理的な否定にゆだねること」（aaO, S.45［同39頁］）、つまり「自分を捨てて」（マコ8・34）神に委ねることであり、次に、「あらゆる同時代人の重荷を同情しつつ共に担う」（aaO［同］）ことである。

より詳しく見ると、あらゆる人生の相対的な「肯定」(幸福や幸福追求)が、神の大いなる絶対的な「肯定」のゆえに、まず否定され、次に、正しく相対的に位置づけられる。あらゆる人間の幸福追求は、そのまま満たされることはないが、それにもかかわらず、この世のすべての事柄は天国の比喩となり得る(Der Christ in der Gesellschaft, S.50-59［『著作集6』45-54頁])。と同時に、あらゆる人生の――それらはいずれにしろ単なる相対的な否定にしか過ぎないが――「否定」や「危機」が、相対的にではあるが、逆に正しく措定され、「肯定」されるのである(aaO, S.59-65［同54-61頁])。そして終わりの日には、一切の「苦しみ」と「否定」とを超えて、絶対的な意味での《完成》を意味する「肯定」(合)が来るであろう(aaO, S.65-69［同61-67頁])。それゆえ、バルトはこの「タムバッハ講演」で、次の「コヘレトの言葉」を引用する(aaO, S.69f.［同66頁])。「神のなされることは皆その時にかなって美しい。神はまた人の心に永遠を思う思いを授けられた」(3・11、口語訳)、と。この「永遠を思う思い」こそは、人生を生きる鍵であり、それはキリストの復活を信ずる信仰によって与えられる。その意味において、当時大いにもてはやされたトレルチの「彼岸の力は此岸(しがん)の力である」という言葉が妥当する、とバルトは語った(aaO, S.66［同63頁])。

以上の簡単な紹介によって、われわれはバルトがブルームハルトとの出会いを通して、自己の神学的思索の根幹を形づくる基盤を少しずつ獲得していったことが了解できたであろう。講演は印刷されてドイツの多くの人々の目に触れ、衝撃的な印象を与えた。その当時までは300部しか売れなかった彼の『ロマ書』も、クリスチャン・カイザー出版社に引き継がれ、残りの700部はたちまち売れたという。

『ロマ書』

「タムバッハ講演」がブルームハルトの福音の概要を(少なくともその大部分を)バルト的に明らかに示す試みであったとするならば、同じ年に出版された『ロマ書』はその中核とも言うべき「垂直に上から降る線」（または、「神は神である」の命題）をバルトなりにロゴス化している。それをパウロの「ローマの信徒への手紙」の講解という形で世に問うたものである。

『ロマ書』（1919年初版、1922年第2版）は「プロテスタント自由主義神学の花園に投げ込まれた爆弾」と評された。それから後、彼の名声はうなぎ上りに上り、彼を中心にしてE. ブルンナー、F. ゴーガルテン、E. トゥールナイゼン、後にはG. デーン、R. ブルトマンなどの錚々たる神学者たちが集まってきて、「危機神学」、「弁証法神学」、「神の言葉の神学」とさまざまな名前を付けられながら成長し、一時は「近代自由主義神学」をも席巻せんばかりの勢いとなったのである。わが国でもやがて熊野義孝（1899-1981年）や三木清が注目し、前者は1932年に『弁証法的神学概論』を出版した。やがて彼らを通して哲学者の西田幾多郎や滝沢克己なども注目し始め、またたく間に日本中の教会と神学界にその名が知れ渡るようになった。

教会ではしばしば、「教会が新しく生まれ変わるのは、いつもローマの信徒への手紙を読んだ時だ」と言われる。確かにそう言えるかもしれない。実際、16世紀の宗教改革は、修道院の中で己の救いについて苦しみ抜いていたルターが「詩編」と「ロマ書」をまさしく「命がけで読む」読み方で得たものがマグマとなったものである。直接のきっかけは、彼がロマ1・17の御言葉と出会い、その釈義を通して発見した「神の義の再発見」である。その結果、「宗教改革」という、全ヨーロッパを震撼せしめた超大級の地震が起こったわけである。バルトの『ロマ書』もある程度までそれになぞらえられ得よう。事実、この書物は出版されてしばらくすると、人々に非常に強い《衝撃》を与え、衝撃波はかなり永く続いた。と言っても、この書物そのものは単に「自由主義神学の花園に投げ込まれた爆弾」にしか過ぎず、そこから生まれるものが海のものか山のものかはまだ誰にも予測がつかなかった。それがどのような意味でこれまでのキリスト教を一新させ、教会の聖書釈義、倫理、教義学、説教と教会形成の全建造物を革新するかはまだ不明であった。だからバルトは、自分の成功に有頂天になる余裕は全くなく、すぐにも自分が世に与えた《衝撃》の実質が何であるかを示さなければならなかった。そして彼は、その課題を正しく自覚し、真正面から取り組み始めた（vgl. RB, S.XXXIII-XXXVI［『ロマ書』上 54-60 頁参照］）。そのようにして 10 年後に生み出されたものが——もちろんその後の彼の全神学であるとも言えるが——、実質的には、大著『教会教義学』に他ならないと言えよう。

『ロマ書』と『教会教義学』という二つの書物の関係については、バルト研究者の間でもさまざまな見解の相違がある。後者は前者の固定化・教義学化であるとする「固定化説」や、反対に、別の考え方も取り入れられるようになったとする「転向説」もあるが、多くの人がそう考えるように、カトリック神学者のハンス・ウルス・フォン・バルタザールの観方が正鵠を射ていると言えよう。彼によれば、『ロマ書』はしっかりと握られたこぶしであり、それが『教会教義学』によって「爆発的展開」をなしとげられる。実際、『ロマ書』の中には、後に『教会教義学』において「開花」するほとんどすべての考え方の基本形が「種子」の形で出そろっているからである。

本書は「入門書」であるから、『ロマ書』全体の紹介は割愛する。もっぱら、バルトがブルームハルトから学んだ「垂直的次元の事柄」、言い換えるならば、「神が語った」の内容が何であるかを追究することに集中したい。

聖書釈義の新しさ

思うに、『ロマ書』が与えた《衝撃》は形式面と内容面に分けて説明する必要がある。形式面とは、『ロマ書』で示された聖書釈義の新しさが与えた衝撃であり、内容面とは、「神は神である」という命題によって示された福音理解のそれである。

『ロマ書』の第 1 版が、続いて第 2 版が出版されることによって沸き上がった最初の喧々諤々の議論は、学問の国ドイツに似つかわしく、『ロマ書』におけるバルトの聖書釈義の可否に関するものである。なぜならそれは、それまで学界によって支持されてきた聖書の「学問的」と称されるいわゆる「歴史批評的釈義」(historisch-kritische Auslegung)とは一見全く異なっており、あたかもそれを全否定するものであるかのように見えたからである。たちまち怒涛のごとき反論が押し寄せてきた。「古い学問世界」の大御所であるアドルフ・フォン・ハルナックはバルトを宗教改革時代の農民戦争の指導者トーマス・ミュンツアーになぞらえ、このような「学問的神学の軽蔑者」は必ずや異端的分派を形成して終わる、と警告した[18]。当時の新約学を代表するA. ユーリッヒャー(巻末文献表52参照)や若い新約学者のK. ルードヴィッヒ・シュミットはバルトを古代教会のマルキオンに、ワルター・ケラーは聖霊派的な宗教改革者シュヴェンクフェルトになぞらえた。また、保守(積極)主義を代表する当代随一の新約学者A. シュラッター(同参照)は彼なりに、保守主義の観点からの不満を表明した。ただ一人ルドルフ・ブルトマン(同参照)だけは、本当は彼はバルトに反対するべき真っ先の人であり、後に二人の間は次第に——特にブルトマンが実存論的解釈に基づく「非神話化」を提唱し始めてからは——隔たりがますます大きくなってゆくのであるが、この時点ではむしろ、バルトはまだ「不徹底」であると言いながら彼を擁護した。

バルトはそれらの批判に対して、『ロマ書』の第2版の序文(RB, S.XII-XXVI[『ロマ書』上16-40頁])、更に第3版の序文でも(aaO, S.XXVI-XXXI[同41-50頁])非常に長い反論を展開している。これは紹介するに値する。

「神が語った」

バルトは自分が「歴史批評の仇敵」であるかのように見られているが、自分は歴史批評の正当性を一度も否定したことはない、と明言している(aaO, S.XVI[同23頁])。歴史批評学は「テキストの理解の準備として欠かせない」(aaO, S.XI[同13頁]、強調：引用者)。しかし、バルトはそれまでの「歴史批評的釈義」に対する強い不満を表明する。バルトにとっ

18 K. バルトとA. フォン・ハルナック間の往復書簡。巻末文献表9参照。

て、またわれわれにとって、ただ一つ重要であるのは、「神が語った」（Deus dixit）ということである。神はアブラハムにも、モーセやエリヤにも、イザヤ、エレミヤ、エゼキエルにも語った。パウロにも、ルターやカルヴァンにも語った。バルトにも語ったし、自由主義神学者たちにも語ろうとしている。「神が語った」からこそ、聖書の中には永遠の真理がある。誰もがその真理を知りたいと願っている。だとしたら、われわれはどのようにしたら神の言葉を聴いて「永遠の真理」を知り、「永遠の命」を得ることができるのか。その答えは教義学、倫理学、説教、教会形成のすべての基本となるから、そこに何一つあいまいなことや恣意的なことがあってはならない。そして、バルトの答えを先取りして言うならば、聖書においては神の御霊が語っているのだから、聖霊に導かれて読むより外にないということである。だから、釈義とは、根本的に言えば、「説教」をすることと同じ事柄である。「神学すること」は「説教すること」に他ならない、とバルトは断言する。

しかしこのことで、バルトは「古い学問世界」の大御所であるA.ハルナックとまさしく正面衝突をすることになる。ハルナックはさっそく、『キリスト教世界』誌でバルトに対して「神学者の間で科学的神学を軽蔑する者たちに対する十五の質問状」と題する公開質問状を公にした（「アドルフ・フォン・ハルナックとの往復書簡」巻末文献表9参照）。その中でハルナックは、大学の神学部の尊厳に満ちた講壇と教会の説教壇とを「一緒にされては困る」と言って、およそ以下のような事柄を問いただした。

ハルナックが言う「科学（学問）的神学」（Wissenschaftliche Theologie）とは、要するに、当時のいわゆる歴史批評的釈義万能の考え方に基づく自由主義神学のことである。それは歴史学的・人文科学的知見と批評的方法に依って自己の歴史的認識を追思考（Nachdenken）する学問として既に確固とした地盤を有し、ドイツの大学の中では「科学（〔学問〕、Wissenschaft）一般と固く結合されたものであり」、「それと血縁関係にある」という。そしてそれは、大学の学部の中でも最も重んぜられた学部として真・善・美に仕え、ゲーテやカントを輩出した名誉あるドイツ国の文化、教養、教育を指導し、神を愛し、隣人を愛する国民生活の基盤を形づくっているものである、という。その立場から見れば、バルトのように聖書に明白に存在している《多様性》を全く無視し、一人の解釈者の主観的体験のみに頼って上から大上段に「福音の内容はこれこれである」と主張することは、しょせん「抑制できない熱狂」や異端に堕ちるのが関の山ではないか、という問いをハルナックはバルトに突き付けたのである。しかも、非常に礼儀ただしい丁寧な言葉遣いによって。

バルトはそれに対して、まず、ハルナックの言う「科学的神学」なるものは高々 50 年の歴史しか持っていないので、そこで確立された聖書の読み方とは違った読み方を自分がとることは決して「学問」そのものに対する軽蔑にはならない、と述べる。そして逆に、ハルナックの言う「科学的神学」なるものこそが、神学本来の主題（バルトはそれが、宗教改革によって明確に定立されていると言う）を「節度を著しく越えて」忘却してしまったのではないか、と反問する（それも礼儀正しい言葉遣いによってである）。要するに、「神が語った」ということを忘れてしまった、ということである。そうであれば、それが「大学」の伝統ある「学問」であれ、何であれ、何ら「神学」の名には値しない。バルトに言わせれば、（彼はこの往復書簡では、礼儀正しくそこまでは言わなかったが）そもそも戦争という人類最大の危機を阻止し得ないような「科学的神学」は何ら「科学的神学」の名には値しないのである。これはある意味では、今日の大学一般における「学問」そのものの意味を鋭く問う問いでもある。

それでは、バルトは自らの聖書釈義をどのように正当化するのであろうか。

バルトにとっては、聖書を自由主義的に読むか、積極主義的に読むかということは決して究極の問題ではない。どのような方法を用いてであれ、本当に神の真理に到達し得るかどうかということだけが問題である。つまり、そこでわれわれが「生けるまことの神」と出会い、その《聖なる神》の《愛》と《義》とに接することができるかどうか、したがって、人間の本当の問題とその解決に触れるような「神の言葉」を聴くことができるかどうか、だけが問題である。

それゆえ言う。「聖書の歴史批評的研究法は、それなりに正当である。むしろ聖書の理解のために、欠くことのできない準備段階を示している。だが、もしわたしがこの方法と、古めかしい霊感説とのどちらかを選ばなければならないとすれば、わたしは断然後者を取るだろう。霊感説は、はるかに大きく、深く、重要な正当性を持っている。なぜなら、霊感説は、理解の作業そのものを示しており、それなしでは、すべての装備は価値を失ってしまうからである。もちろんわたしは、この二つのどちらかを選ぶ必要のないことを喜んでいる」（RB, S.XI［『ロマ書』上 13 頁］）と。

「霊感説」とは、聖書に関する「積極主義」（本書 14 頁参照）のよりラディカルな考え方である。その最もラディカルな考え方は「逐語霊感説」——アメリカでは「根本主義」（ファンダメンタリズム）——と呼ばれる。聖書の真の著者は神であるからその言葉は一字一句神の霊感を受けており（2 テモ 3・16 参照）、その人間的著者（イザヤやマルコやパウロ）はテキストの成立には何一つ関与していない神の筆記用具に過ぎない。したがって、聖書は完全に《無謬》または《無誤》であり、いかなる文献批評も許されない、とする立場である。例えば創世記第 1 章の創造物語などは、文字通り神が 6 日（または 6000 年、2 ペト 3・8 参照）の間に宇宙をお造りになった、と解釈する。今日の教会にもこのように考える人は相当数いるが、神学界では当時も今日でも少数派である。

バルトの立場は、歴史批評学が《理解のための準備》として不可欠ではあるが、肝心の《理解そのもの》を遂行するには、別の方法が必要である、と考える立場である。

バルトが当時の歴史批評的釈義に対して抱く不満とは、「初歩的な段階にとどまって一歩も先へ進もうとしない」（aaO［同］）ことである。彼は言う。「わたしは理解しようと願う者であるかぎり、その文書そのものの謎ではなく、わたしの前にはもはや事柄そのものの謎のみが立っているという地点にまで、したがって、自分が著者ではないことをほとんど忘れてしまう地点にまで著者をよく理解して、彼をわたしの名で語らせ、わたし自身が彼の名で語りうるようになるほどの地点にまで、突き進まなければならない」（aaO, S.XIX［同 27 頁以下］私訳）。歴史批評学はいつもその数段階前で釈義をやめてしまう。パウロが本当は何を必死に指し示し、証ししようとしているかという「事柄そのものの謎」を全くあいまいかつ不問のまま終わってしまう。または、《謎》はすべてパウロの特殊な「人柄」や特異な「ダマスコ体験」や「古代人の信じやすさ」といった言葉で片づけてしまう。だからバルトに言わせれば、少しもテキストを「批評（クリネイン）」しているとは言えない。テキストの言葉は常にいささか「舌足らず」でその上「不適切」でありながら——なぜなら、人間の言葉は神を語るにはすべて不適切であるから——、何とかして神と人間との非常にシリアスな、しかしまた、非常に恵みに満ちた関係でもあるに相違ない「事柄そのもの」を証ししようとしている。宗教改革者のマルティン・ルターはそれを知ろうとして、原語でわずか6語にしか過ぎない「福音には、神の義が啓示されています」（ロマ1・17）という聖句と血みどろの格闘を幾日も続けて、そこからヨーロッパ世界を変えるような御言葉を発見したのである。

では、バルトにとって、聖書を命がけで読み、著者パウロと同じく「事柄そのものの謎」の前に立つ地点にまで進む釈義とはどのような事柄なのであろうか。それは「パウロについて（über）の註解を書くことではなく、もちろんしばしば呻吟し、頭を左右に振りながらではあろうが、もしうまく行ったならば、最後の一句に至るまでパウロと共に（mit）註解を書くこと」（aaO, S.XXVIII［同44頁］私訳）でなければならないと言う。

幸いにも、テキストは何千年経っても、昔と変わらず同じ言葉で同じ「事柄そのもの」を指し示している。であるから、釈義とは、そのテキストの「霊」であるキリストの霊によってその意味を解明し、それを精確に理解し、精確に説明することに他ならない。その時には、聖書記者パウロと注解者バルトとはなるほど「証しする者」と「聴く者」という意味においては「主と従」の関係にあるが、「事柄そのもの」との関係においては、同じキリストを仰ぎ、キリストの霊をいただく者として「共に」立っている。そこではただ神の御霊をいただくことだけが問題となるからである。だからそれは、教会の説教者が聖書を釈義する時と同じ出来事である、とバルトは言う。

それではそれは——われわれは何度も問う——どのような聖書釈義なのであろうか。

バルトが『ロマ書』で示した聖書釈義は、実質的には、神の「垂直に上から降る線」を少しでも明確にする方法である。実際、『ロマ書』はその方法が幾分なりとも正しさを含んでいるので、人々に強くて永続的な「衝撃」を与えた。その方法とは、言葉だけで言えば、今日のある人々にとっては「全く当たり前」の方法に聞こえるかもしれない。実際それは、今日ではたいていの神学校で教えられており、牧師や神学者の誰もが言いそうな言葉なのである。すなわち、「神が語った」とは、「神はキリストにおいて語った」ということに他ならない。それゆえ、テキストに対して「歴史批評学的研究」を準備段階として用いるが、それによって整えられ、「テキストの謎」が可能な限り解明された時点で、イエス・キリストが神の言葉であり、神はキリスト（の十字架と復活）において語ったのだから、キリストについて（über Christum）語るのではなく、キリストから（von Christo）語ることである。これが後に、神の子キリストの十字架と復活に集中する「教義学的釈義」の名で呼ばれるようになった。つまり、「歴史批評的釈義＋教義学的釈義」という方法である。

とはいえ、同じく「教義学的釈義」と言っても、その「教義学」の中身がどのようなものであるかが、実は最大の問題である。この方法はその教義学がイエスを「ただの人」であると考えている場合には、何の「衝撃」も与えないからであり、そしてその場合には、その教義学がおかしい——すなわち、釈義家は自己内対話をしていただけだ——、と考えなければならない。

バルトが聖書の釈義で苦闘した時代からほぼ1世紀がたった。バルトの時代は、19世紀の歴史批評学の暴走の結果、いわゆる「イエス伝研究」（Leben-Jesu-Forschung）の挫折が明らかとなった時代であった。しかし、歴史批評学そのものはすぐに息を吹き返し、やがてブルトマン学派の出現と全盛によって強力に推し進められた。遂には、「教義学と聖書神学との不幸な乖離」は極端なまで進んでゆき、「バルトかブルトマンか」と言われた時代もあった。しかし、20世紀の終わり頃から、バルトの『教会教義学』がほとんど世に出たことも一役買って、不幸な乖離は次第に是正された。その後G.ガダマーやP.リクールなどの非常にすぐれた解釈学の成果ももたらされるようになった[19]。現代の新約学を代表する一人であるP.シュトゥールマハーは、その啓発するところの多い『新約聖書解釈学』において、バルトが『教会教義学』で示した聖書釈義の方法は、現在のところ「聖書テキストと意思の通じ合う」、そして何よりも、21世紀の今日においても、世の和解のために開かれた教会の宣教の重い責任と課題を担うに十分に耐え得るものである、との評価を下している[20]。

『ロマ書』が与えた衝撃とは何か

さて、それではバルトが『ロマ書』を通して与えた「衝撃」の内容について考えたい。もちろんそれは、パウロの「ローマの信徒への手紙」そのものが持っている衝迫力がバルトの釈義によっていかんなく発揮されたということに他ならないのであるが、それはどのようなものだったのであろうか。

わたしはそれを二つの言葉で言い表したい。と言っても、この二つの言葉は同じ一つの事柄を少し違う観点から言い表そうとした言葉に過ぎない。その第1の言葉は「キリスト教は宗教ではない」という言葉である。この言葉はバルトの『ロマ書』の邦訳の「解説」の中で文芸批評家富岡幸一郎が使っている言葉である[21]。この場合の「宗教」とは、人間が下から上に向かい、神を求めるすべての営みのことを意味する。福音は「上から下へ」の線だから、宗教ではない。この言い方は、一般人には比較的分かりやすいのではないか。

19　ガダマーの解釈学については、拙著『聖書論』日本基督教団出版局、1992年、284頁以下に丁寧な紹介がある。

20　P.シュトゥールマッハー『新約聖書解釈学』斎藤忠資訳、日本基督教団出版局、1984年、254頁以下、325頁以下参照。

21　『ロマ書』下、561頁以下。

もう一つの言葉は、「近・現代の超克」という言葉である。これは岩波哲男と共に『ロマ書』を共訳した神学者小川圭治がその「解題」[22]の中で使っている言葉に少し変更を加えたものである。ちなみに、小川は「神学における近代主義の突破」と言っている。小川はバルト神学を自由主義神学との対比の中で捉えてそう言っているが、わたしに言わせれば、自由主義神学との対比だけでは少し話が小さくなり過ぎる。現代社会との関係で考えれば、哲学の世界でもしばしば重要な問題として語られる、「近・現代の超克」という言葉を使うことがより適切であると考える。その意味では、20世紀をも越えている。人類の歴史の中で、「近・現代」とは人類が「神はいらない。神は死んだ。われわれが神を殺したのだ」[23]と豪語したニーチェが特徴づけた無神性、世俗化の時代である。つまり、「神は要らない」と主張し、「神を殺して自由となり、神となった」われわれ現代人は、神なしにもうまくやっていけると考えている。例えばヒューマニズム的世界観で十分であると考えて世俗の生活にどっぷりと浸かっている。これを「世俗化」と呼ぶ。しかし、その背後にある主張「人間が神である」は、実ははなはだ危ういのである。既に多くの知識人たちが気付いているように、それは大きな行きづまりに直面している。なぜならば、大局的に見ると、人類は常に自己追求と自己拡張のために争いをし、自分たちだけでは互いに和解し合えない本性を持っているからである。「戦争の世紀」と呼ばれた20世紀が終わり、21世紀は「平和の世紀」となってほしいと誰もが願ったが、その開幕冒頭に、9・11事件が起こった。「万人の万人に対する闘争」（bellum omnium contra omnes, ホッブス）が、まったくやむ気配を見せない。問題は「ウクライナ戦争」や「地球温暖化」、「核兵器」、「エネルギー問題」だけではない。それらは単なる「氷山の一角」であり、「病膏肓（やまいこうこう）に入る」のである。このような「近・現代社会」はどこへ行くのであろうか。そもそもその出口がどこかにあるのであろうか。この問題は、心ある現代人の誰もがひそかに抱いている共通の問題意識であると思われる。本当は、「成人

22　『ロマ書』下545頁以下。

23　F. Nietzsche, Also sprach Zarathustra. Stuttgart: Reclam Verlag, 1883-91. S. 245.

した現代人」が、まさに成人したがゆえに、自分を創り、生かし、限りなく愛される父なる神にもう一度立ち帰るべきなのではないか。

そのような状況の中で、バルトは何を必死に叫んでいるのであろうか。その声を聴きたいものである。だからそれは、単なる古い教義学や正統主義神学の復興（いわゆる「新・正統主義」）ではない。今は行きづまった「近・現代」が超克され、「新しい世界」を切り拓く教義学、倫理学、説教、そして教会形成の全体の刷新が求められていると考えるので、わたしは本書全体を通して、読者に「近・現代の超克」という言葉でバルト神学を紹介したい。そしてここに、21世紀を新しい和解の世紀へと導く一人の預言者の言葉を聞き取っていただきたいのである。

「上から下へと垂直に降る線」

バルトは『ロマ書』でも、その他でも度々、「神は神である」（Gott ist Gott）という言い回しを使っている。これは同語反復だからそのままでは理解できない。神は「絶対他者」（Das ganz Andere od. Der ganz Andere）であると言っても同じである。われわれは人格を定義できないように、「神」を定義できない。「神」はただ、ある強烈な意志を持つ人格としてわれわれと出会ってくださる。われわれはそれをリアルに実感できるだけである。この神を人間の思考で捉え、思考の中に閉じ込めることなどは誰にもできない。しかし、われわれは今日、新たに「神とはどのようなお方か」と問う必要がある。

バルトの「神は神である」という言い回しから見ると、どうやら、神には救いがあるのだから、何よりもその救いを他のまがいものと区別して明確にするような釈義や神学的思索が展開されなければならない、という意味のようである。更に言うならば、人間から神に昇る上昇線はどこにもないが、神から人間に降る「上から下へ降る下降線」は聖書に、例えばロマ書に示されている、ということのようである。では、そのメッセージとは何か。以下にわたしは、バルトが『ロマ書』で語ろうとしていた事柄の基本線を描きたい。

①バルトはこの書の初めの方で次のように言っている。

「『われわれの主イエス・キリスト』。それが救いの音信（おとずれ）であり、それが歴史の意味である。この名において二つの世界が出会い、別れ、既知の平面と未知の平面の二つの平面が交わる」（RB, S.5［『ロマ書』上69頁］）。

このイメージを頭の中に入れていただきたい（図に描いてもよい）。「既知の平面（むしろ、半球？）とは、われわれ「人間」とその中の何億という人類がひしめき合いながら生き、築き上げている「歴史」のことである。バルトによれば、それは「神によって創られたが、その根源的な神との一致から脱落し、そのために救いを必要とする『肉』の世界、人間と時間と事物との世界」（aaO［同］）のことである。「現代世界」と言ってもよい。それに対して「未知の世界」とは、啓示によって啓き示される世界、すなわち、「父の世界……根源的な創造と究極的な救いの世界」（aaO［同］）のこと（これも半球？）である。「神の国」と言ってもよい。この二つの世界は、イエス・キリストにおけるある一点において、後者（神）から前者（われわれ）へと垂直に下降する線によって「切断され」（geschnitten）、「弾孔」を開けられ、その一点において二つの世界の「接触」と「交わり」が生じた、とバルトは言っている。

②では、この「一点」とは、具体的には何を意味するのであろうか。それはイエス・キリストの復活の出来事である（aaO, S.5［同71頁］）。バルトは言う。

「復活において、聖霊の新しい世界が肉の古い世界と接触する。しかしそれはまさに、接線が円に接するように……接する。まさに接触しないことによって、その限界として、新しい世界として接する」（aaO, S.6［同71頁］）。

つまり、このイエスの死人の中からの甦りという《奇跡の一点》において、救いを必要とする人間の「肉の世界」が「父の世界」によって接触され、「上から垂直に」下降する線によって「弾孔」が開けられ、「空洞」（Hohlraum）が生ぜしめられた、とバルトは言う（aaO, S.5［同70頁］）。だから、キリストの復活こそが、神が人間に接し、御自身を啓示し、聖霊によって信仰や神認識が生じるようになるただ一つの点なのである。

それにしても、なぜ復活なのであろうか。例えばそれは、御子が「肉」を取り、イエス・キリストにおいて人となられた「受肉」ではないのか。そうではない。御子がベツレヘムの馬小屋の飼い葉桶にお生まれになった時、少数の羊飼い以外には誰にも知られなかったから、受肉がただちに啓示ではない。では、御子が地上を歩まれた紀元1～30年の出来事（歴史）全体はどうか。それも否である。なぜなら、地上のイエスは確かに神の愛をわれわれに示されたが、まだ、それを見て、またはその教えを聴いて、誰もが「神は愛である」との認識に達したわけではない。バルトにとって、紀元1～30年に生きられた地上のイエスの御生涯は、その目的が十字架の一点に向かって集約されており、十字架において目標に到達している。だから、バルトはパウロ同様、「わたしたちは……肉に従ってキリストを知っていたとしても、今はもうそのように知ろうとはしません」（2コリ5・16）と言う。それでは、イエスの十字架上の死こそが神の啓示であろうか。否、それすらも、神が人類の《肉と罪》の世界に上から「弾孔」をうがち開けられた啓示の出来事そのものではない。なぜなら、それはただの、一人の犯罪人の死に過ぎないとも受け取られ得るからである。

それらではなく、十字架の意味を「神の方から」人間に知らしめた《復活》という一点こそが、「肉」の世界をうがち、貫通して開けられた神からの「弾孔」であり、啓示である。そこにおいて、十字架につけられたお方が神の子であることが「公に」告知されるための「いしずえ」がこの世界の真ん中に据えられた。そこにおいて、生まれつき神を知ることのできない全人類の目が、イエスによって開眼させられたのである（ヨハ9・1–3参照）。「（御子は）死者の中からの復活によって力ある神の子と定められた」（ロマ1・4）との聖句を、バルトはそのように講解する。

③ 人間は、下からこの一点において上の世界に接する。「その限界とし

て、新しい世界として、接する」(RB［『ロマ書』上］)。しかし、自動的に、誰でもが自由に自分の場所から上を覗き見ることができるという仕方においてではない。世界のどの地点、どの時点に立っている人も自由に覗き見ることができるというわけではない。その空洞は、そこで「下から上へ」のどのような《肉》の上昇線も不可能であるような空洞だからである。

ここで、バルトがキリスト教は「宗教」ではない、と語った中心点が解明されなければならない。それが、バルトの『ロマ書』が当時の人々に与えた実質的な「衝撃」であったと思われるからである。それは現代でも変わりなく「衝撃」であり続ける。また、彼がこの現代の21世紀に対しても持っている「言葉」であり続ける。

「宗教」とは、言ってみれば、人間の《肉》にとっての最高の可能性である。それは「知性」よりももっと高い、「霊性」と呼ばれる、神に最も近い部分の営みとされている。しかしながら、すべての「宗教」的営みは皆、「われわれ」から「父」に何とかして達しようとする「下から上へ」の《肉》の業である。バルトに言わせれば、それは方向が逆であり、否定される。なぜかといえば、それは神よりも人間を《先に》立てようとしているからである。人は人生のさまざまな苦悩(生・老・病・死)と出会い、孤独と悲しみと虚しさを知る中で神を求め、己の有限性を悟って神の永遠や「涅槃(ねはん)」にあこがれるであろう。これが「宗教」であって、それはキリスト者が修道院に入ってイエスに近づこうとする場合でも、仏教者が修行に励んで己の内なる「仏性」を成就させようとする場合でも、変わりがない。ただ、どの宗教が理論的・実践的に優れており、自分にピッタリ合うかの違いがあるだけである。

しかしながら、もしも神や神の恩寵が、人間が求めることによってようやく存在するようになったのだとするならば、それは明らかに人間の「願望の投影」に過ぎず、人間が作り出した「偶像」であるに過ぎない。「人間が存在し、救われるために仮想された神」なのである。だからそれは、「神を神としない」無神論に限りなく近づく。その意味では、「神学の秘密は人間学」(フォイエルバッハ)なのである。神の存在を否定する無神論も、科学主義もマルクス主義も実存主義も、あるいは民族主義も国粋主義も、まさに人間の「宗教的可能性」の追求であり、「同じ穴のムジナ」なのである。またそれは、根本的に《肉》の誇りとなるから、いつまでも文明と文明同士の衝突と争いを回避できず、「万人の万人に対する闘争」をただ増幅させるだけなのである。

神は、イエスの復活において、われわれがよく知っているこの《肉》の世界に「弾孔」を開けられた。それゆえ、「福音」は「宗教」ではない。「宗教」とは、およそ喜びとは縁遠いものであるが、福音は「喜びのおとずれ」だからである。

ここでわれわれは、バルトが『ロマ書』の時代にしばしば講演などで語った、グリューネヴァルトの「イーゼンハイムの祭壇画」に描かれたキリストの磔刑図のことを思い起こしてもよいであろう。なぜなら、これはバルトが「福音は宗教ではない。宗教は人間の《肉》の業だからだ」と語る時に、《肉》とはなにかについて、彼のイメージを最もよく語っているからである。この絵の写しは死ぬまでバルトの書斎机の正面の壁に飾られていて、彼を常に高いところから見下ろしていた。キリストの苦悩の表現としては西洋美術史上数ある磔刑図の中でも抜群であろう。その衰弱した体の手足は釘で打ち抜かれ、体中の皮膚もまた無数の細かい釘でうたれ、青みを帯びた茶色に腐り、死臭を放っている。元々は聖アントニウス教会付属の療養所のために作られ、ペストで死にゆく人々がキリストの苦悩を仰いで慰められるようにとの趣旨で描かれた絵である。キリストの左に描かれた母マリアは使徒ヨハネの腕の中で悲しみのあまり気を失っており、右に描かれたバプテスマのヨハネとおぼしき人の人さし指は、異常に大きく描かれていて、キリストの復活を示唆している。そこに、「あの方は栄え、わたしは衰えねばならない」とのヨハ3・30の御言葉が書かれている。バルトが「下から上へ」と懸命に昇ろうとする人間の《肉》という言葉でいつも思い起こしていたのは、疑いもなくこの十字架にかけられたキリスト像であったに相違ない。

しかし、この《肉》の世界に、「上から下へ降る下降線」が触れている。この線の主(あるじ)であられる神は、人間が求めたり知ったりするよりも

《先に》、《既に》存在し、人間のあらゆる苦悩と病を《既に》知っている（でなければ、人間をその苦悩から絶対に救い得ない）。バルトは、この唯一のまことの神、主が、キリストの復活において御自身を《既に》啓示された、と言っているのである。

④ バルトが彼の『ロマ書』で、「福音は宗教ではない」と繰り返し語ったことによって、彼が本来、最も語りたかった事柄の中心は――『ロマ書』にはそれほどひんぱんには語られていなかったが――《神の選び》ということであった、と推測される。

もう一度、あの上なる半球が下なる半球に接し、そこに上からうがち開けられた「弾孔」のことを思い出してみよう。下から上を覗き見ることはできない、とされた（③参照）。しかし、上から下へ至る通路は開通した。神は御自分が欲し給う時、欲し給う所で、欲し給う人にのみ――その人が世界のどの時点で、どこにいようとも――御言葉を語り、御霊を注がれる。神に選ばれ、召され、聖霊を注がれた人は「新しい人」とされ、「新しい世界」に生きる。平たく言えば、神はその人を選び（electio）、または召し（vocatio）、その人にキリストの死者の中からの復活という「福音」（の言葉）を語って信じられるようにしてくださるのである。ただしそれは、後に述べるように、カルヴァン主義的な「二重予定説」とは同じ結論にはなりそうにない。といっても、バルトは別に『ロマ書』においては、ロマ 9–11 章でパウロが神の選びについて論じている場所以外では――もちろん、パウロもまた「二重予定」についてカルヴァンのように窮屈な論じ方はしていないし、結論は同じではないのだが――、予定論について論じているわけではない。そのうえ、カルヴァン的な予定論の論理が持っている一種独特の雰囲気が、『ロマ書』には全く感じられない。だから、ハルナックらはそこからはトーマス・ミュンツアーの神学のような訳の分からない熱狂主義や分派主義しか生まれない、と的外れな非難をしたのである。

バルトが繰り返し言っているのはただ、信仰は人間の《肉》の業ではなく、神からの（御霊による）贈り物である、だから、キリスト教は宗教ではない、ということだけである。もっと今日のわれわれにも分かりやすい言葉で言えば、「信仰は聞くことによる」（ロマ10・17）のだが、その際に「聞く耳」も神から（神に喜ばれる人に）与えられる、ということである。その信仰によって、キリストの死がわれわれ全人類の罪の赦しのために《既に》献げられた贖いの死（バルトはこれを「献愛」、"Hingabe"と呼ぶ）であることを信じられるようにしてくださる。父の世界を見られるようにしてくださる。その人が、「信仰によって生きるであろう」（RB, S.18［『ロマ書』上92頁］）、という。

「上から下へ」の下降線がうがつ「弾孔」は、まさしく選びにより、御霊によるのであるから、それを受け止める信仰は全くの「空洞」なのである。だから、キリスト教は「宗教」ではない。信仰は、いつも繰り返し「下から上へ」と昇ろうとして互いに傷つけ合う《肉》の上昇線ではない（芥川龍之介の小説『蜘蛛の糸』を想起せよ！）。また、もしそこで神が《既に》自分を選び、義としてくださったことが忘れられ、あるいはそのことに不安を抱き、自分の力で義とされることの保証を得んがために、自己義認の道を一歩でも歩みだすなら、それは再び「下から上へ」と昇ろうとする《肉》の上昇線への逆戻りとなってしまう。「"霊"によって始めたのに、肉によって仕上げる」（ガラ3・3）こととなってしまう。そのことは神の下降線によって、《罪》であると断言され、《既に》不要とされ、全否定されている。「神が生かす時には、殺すことによって生かす」（aaO, S.15［同87頁］）のである。「したがって、神の否！をキリストにおいて肯定すること」（aaO［同88頁］）、自分を否定する神の否定を受け入れることが信仰である。人間はこの「神が語った」という出来事に対してあくまでも「空洞」として神に聴き、聴いて信じる。

⑤ さて、ここで一つ、重要な注意書きを添えておかなければならない。バルトはこの「十字架の愛（献愛）」という神の「真実」（Treue）に対して、人間も「応答真実」（Gegentreue）をもってお応えする、と言う。つまり、人間は（でくの坊ではないのであるから）神の《真実》にお応えして、やはり《真実》であろうとし、神への応答として神に従い、「善き業」を

するのである。バルトはこれを、神の真実（Treue）に対する人間の《応答真実》（Gegentreue）と呼んでいる（RB, S.16［『ロマ書』上 88 頁］）。つまり、神に選ばれ、御霊によって神の愛を啓示された人間は、神に選ばれたことを無限に感謝し、《心》の底から神を愛し、神に従うようになる。この場合、感謝も愛も服従も、すべては御霊の業であり、人間の《肉》の業ではない。そしてそこに真の「キリスト者の自由」が生まれる。「空洞」は、自ら「空洞」以上のものになろうと欲しない時にのみ、恵みを恵みとして受け取り得る。そこに真の「キリスト者の自由」が生まれるのである。

バルトの「信仰は空洞である」という表現は、当時著しい反発を招いたものである。それは、ドイツ人にとって、自分が「信仰」を持っていること、つまり、敬虔で、神を畏れ、内面性に富み、謙遜で素直で生まれつき神を求める「心の貧しい者」（マタ 5・3）であること等々が、自分が選ばれた理由であると錯覚していたからである。それが宗教的な「誇り」となり、国民の誇りとなっていた。しかし、神の選びはまさに「ただ神の至高の自由の中で」、われわれにとっては「ゆえなくして」《既に》起こったのである。それだから、バルトは人間が己を誇ることを常に戒めた。彼が敬虔主義を厭うのも、敬虔主義が己の敬虔さを誇るからである。人間が己を誇るということにおいて、敬虔主義は民族主義や国粋主義と少しも変わらない、とバルトは考えている。むしろ、「誇る者は主を誇れ」（1 コリ 1・31）である。われわれは信仰を祈り求めることはできる。ただ、その時にも人間にできることは、「来りませ、創造主なる御霊よ！」[24]（Veni, Creator Spiritus!）と祈り、「待ちつつ急ぎつつ」生きるキリスト者となることである、とバルトは主張する。

それゆえわれわれは、本節のまとめとして、この神の《既に》を、神の人間に対する「存在論的先行性」と名付けておきたい[25]。神の愛が《既

24　K. バルトと E. トゥールナイゼンの共同の説教集がこの題で当時出版されている。Komm, Schöpfer Geist! (Predigtsammlung von K. Barth und E. Thurneysen). 巻末文献表 10 参照。

25　バルトは『ロマ書』では必ずしも《既に》という言葉を多用していない。ましてや、二重括弧つきで使ってはいない。しかし、例えば次のように言っている。神がイエスの復活によっ

に》存在し、人間の「応答真実」が《後》から来るのである。バルトが彼の『ロマ書』を含む全神学を通して現代のわれわれに訴えたかった事柄とは、まさにこの神の《既に》である。この神が、《既に》「世の初めより」わたしを知っておられ、選んでおられる。《既に》キリストにおいて語りかけ、「神の国」をわれわれのところにまで来らせ、『肉』の世界に「弾孔」を開けられた。この神は《既に》「神の国」とその平和（シャーローム）を地上に来らせられたので、救いとは個人的な救いではない。「神の国」は一人ひとりの心の中にではなく、むしろ、この地上の現実の中で生きている全人類に関わる事柄とされなければならないのである。

文芸評論家の富岡幸一郎が『ロマ書』を「未来の書」と呼んで絶賛し、「宗教ではない！　神の国だ！」と強調したのも、この意味においてであろう。

なお、最後にわれわれは、バルトが『ロマ書』においてパウロ神学の基本的な主張はほとんどすべて受け入れていることを付け加えておこう。言うまでもなく、その最も中心となる事柄は、教義学形成上「神学の要諦」とされる、イエス・キリストの十字架死の贖罪論的な理解である。バルトはパウロ同様、その死が神の子の「代理的贖罪」（satisfactio vicaria）の死であることを受け入れている（aaO, S.149［同 322 頁］）。したがって、バルトはイエス・キリストの「神性」を肯定する。イエスの復活は、その意味を明らかにするものに他ならない。

て人間世界とかかわろうとする「神の力」（ロマ1・4参照）は、「もっとも厳密な意味において」、神がすべての事柄よりも《先に》置かれた「前=提（*Voraus*-Setzung）である」（RB, S.12［『ロマ書』上 83 頁］）、と。われわれはバルトの意をくんで、この《既に》という言葉を頻用したい。

3章　神学の形成を目指す歩み

神学の公同性について

神学は他の学問とは異なり、イエス・キリストの復活を究極的な認識原理とする唯一の学問である。復活は一般人には確かめることができない。それだから、神学は「公共性」を持つことができない。その代わり、キリスト者に通用する「公同性」（Katholizität, catholicity）を持たなければならない。もちろん、「公同性」は「公共性」よりも「狭い」。しかしバルトは、この「狭さ」は神学という学問が持つ「優位点」である、と考えている。だから、神学はその「狭さ」に固くとどまるべきである、と考えている。例えばバルトは、彼の『ロマ書』を真っ先に推奨し、その後も彼と歩みを共にしてくれたE. ブルンナーが、突然「自然神学」[26]を容認する発言をしたことに対して[27]、非常に激しい口調で、『否！　エミール・ブルンナーへの返答』[28]という書物を叩きつけた。それ以来二人の仲はぎくしゃくしたものとなった。バルトに言わせれば、神学においては「啓示」はイエス・キリストの復活によって開けられた「狭い」弾孔の一点に限定される。ブルンナーの発言は、当時バルトが一番恐れていたナチス容認に至り得るとして、バルトは強い口調で否定したわけである。二人の対立は二人に期待していた多くの人々を悲しませた。しかし、この問題はもっと大きな視野で見る必要がある。つまり、バルト神学が一見持つと誰からも考えられている「狭さ」が、実は真の「広さ」や「豊かさ」を作り出し得る、という点を勘定に入れなければならない。バルトにとっては、神学が決して放棄してはならないその「優位点」は、その狭さによってしか保たれない、と考えられたからである[29]。

26　「自然神学」とは、すべての人に生まれながらに備わっている自然的能力によって神の存在性やその救いをある程度まで認識することができる、という立場である。

27　Vgl. E. Brunner, Die Frage nach dem "Anknüpfungspunkt" als Problem der Theologie, 1932.

28　Nein! Antwort an Emil Brunner. 巻末文献表35参照。

29　ちなみに、バルトはイエス・キリストのみが神の唯一の啓示であるということを完全に説なぜなら、そのことによって神学は「神が語った」という次元を確保できるからである。神学以外の他の学問にはそれができない。一般の学問には確かに、誰もが共有することができる「公共性」という利点がある。しかし、この「公共性」というしろものは、実はそれほど確かなものではないのである。なぜなら、それは結局、「人々はそう思う」ということでしかなく、より近視眼的な視点しか持てない人にとっては、「我が国の人々はそう思う」に過ぎないからである。

例えば、しきりに「近・現代的思惟の超克」の必要性を説いてギリシア哲学に範を求めた哲学者のM.ハイデッガーも、結局はヒトラーが率いるドイツを支えることこそが「大学の使命」だと言って熱心なナチス党員となり、フライブルク大学学長に就任した時には「ドイツ大学の自己主張」という大いに疑問符の付く演説を行っている（1933年5月27日）。彼の許で学んだ田辺元も、第2次大戦下において『種の論理』を発表し、学生たちに帝国日本における民族的自己意識を鼓吹し、若き命を戦場に捨てさせた。田辺は戦後反省し、帝国大学教授として日本を悲劇に導いた応分の責任を負おうと決意したようである。これらは、学問的真理性の基準の一つである「公共性」が実は人間の弱さに極めて動かされやすく、容易に小さな「我が国の人々はそう思う」にまでなり下がってしまうことの証左である。

それだから、あの知恵を愛する学問であるはずの「哲学」という学問をも含めて、一般の学問は皆、近・現代社会の持つ「近・現代主義」や「世俗主義」という狭い枠を超えることができない。地球温暖化も、核兵器の恐怖も、皆この「近・現代主義」の枠内で起こっているのである。つまり、近・現代社会では、まさにこの「公共の意見」そのものが大きくゆがんでいると思われるのである。

バルトの神学は「父の世界」から一本の下降線があり、それが「人間」と「歴史」の世界であるこの世に一つの「弾孔」を開けた、という

明し終えた時点で、「教会の壁の外」における断片的神認識の可能性についても、「然り」を語っている（vgl. KD IV/3, S.126-153［『和解論』Ⅲ/1, 189-226頁参照］）。もちろん、自然的神認識は神学の基礎や補助とは決してなり得ない。

ところから出発している。その「弾孔」は極めて狭いのであるが、その狭さが実は、「近代」とか「現代」とか、「ドイツ国」とか「日本国」とか「ロシア国」ではなく、単なる「現代世界」とか「現代人」でもない、「人間」と「歴史」全体に深くかかわる視野を持ち、そこから「近・現代社会」のゆがみを是正することができる豊かさを持ち得ることを、われわれは示したい。

しかし、それではバルトはどのようにして、彼の貴重な「神がこう語った」という認識内容を正しく盛る「神学（教義学）」という器を形成していくことができるのであろうか。

初めにわれわれは、“Nachdenken”（追思考）についてのバルトの考えを紹介したい。バルトは、公同性のある「神学」の形成を目指す以上、それは単に、「わたしは聖書をこう読みました」だけではなく、他の人も同じ手順を踏み、同じ原理で釈義することによって、その作業に参加することができ、その思考や思惟を跡付けることができる、すなわち、「追思考」することができるのでなければならない、と考える。「追思考」とは、学問の世界で一定の、誰もが（仮に同意はできなくても）認めることができる方法論や確たる認識原理を所有し、他の人が同じように考えれば跡付けることができる、ということである。神学するということは、追思考すること、もう一度初めから考え直すことから始まる。

このことは哲学においても同様である。哲学者は何らかの根源的な体験に基づいて、「わたしはこう思う」と言う。そして哲学を始める。もちろん、哲学者の「わたしはこう思う」がなければ哲学にはならないから、彼のそれは最高度に貴重なものである。しかし、「わたしはこう思う」だけでは哲学にはならない。そこで重要となってくるものが、他の人も彼の「わたしはこう思う」から始まった思索の仲間に加わって、論理の後筋を追えることである。

神学の場合には、すべての人が共有できるというわけにはゆかないから、「公共性」は問い得ないが、すべてのキリスト者が共有できなければならない。この性質を「公同性」と呼ぶ。ハルナックがバルトに対して突き付けた「質問状」（本書36頁以下参照）もそのことを問うている。「追思考」ができなければ、熱狂主義や分派主義に終わるだろう、と言ったのである。

実は、自由主義神学の祖とされるシュライアーマハーが自由主義神学を導入するにあたっても、彼は現代の歴史批評学の基礎となる解釈学を確立するという作業をしている。バルトが『ロマ書』で自分の解釈の目標は「自分が著者ではないことをほとんど忘れてしまう地点にまで著者をよく理解して、彼をわたしの名で語らせ、わたし自身が彼の名で語りうるようになるほどの地点にまで、突き進む」（RB, S.XIX［『ロマ書』上27頁以下］私訳、本書38頁参照）ことであると述べた言葉は、実はほとんどシュライアーマハーの『解釈学』からの引用なのである[30]。バルトは自由主義神学が「万能」であると自慢する「歴史批評学」の科学的学問性を「高々50年の歴史」しか持っていないと揶揄した。しかし、バルト自身は『ロマ書』を執筆した時点においては、まだ新しい教義学を樹立する方法論を確立していたわけではなかった。それは彼が中世の神学者アンセルムスの研究によってようやく獲得できたのであり、まだ10年を待たなければならなかったのである（本書59頁以下参照）。

しかし、『ロマ書』の時点で既に、バルトは神学が聖書の釈義を踏まえることによって公同性を獲得しなければならないということを誰よりも良く認識していた。すなわち、聖書の規範性を認め、この原理を神学的な表現にまで高めていた。それは後に、バルトの「神の言葉の三形態説」として一般にも承認されるようになったものである（vgl. KD I/1, S.89ff.［『神の言葉』I/1, 169頁］）。すなわち、神学にとって「神が語った」（神の言葉）と見なされるべきものは、①第1に、紀元1～30年にこの地上に生き、死んで復活されたイエス・キリスト御自身である。彼は「啓示された神の言葉」（das offenbarte Wort Gottes）そのものである（ヨハ1・14、ヘブ1・1–3参照）。彼は最も オリジナルな意味で神の「言」であるが、

30　F. D. E. Schleiermacher, Hermeneutik und Kritik. Mit einem Anhang sprachphilosophischer Texte Schleiermachers, hrg. u. eingel. von M. Frank. Frankfurt am Main: Suhrkamp, 1977, S. 345. ただし、彼の解釈学は今日では幾重にも乗り越えられている。拙著『聖書論』（前掲注19）280頁以下参照。

われわれがこのイエスを自分は所有していると言って、「イエスはこう言った」と言っても、それは他の人が追思考できないので、熱狂主義にしかなれない。しかしその代わり、われわれにとってより身近なものとして、②第2に、そのイエスを証しする正典としての聖書もまた、「記された神の言葉」(das geschriebene Wort Gottes) として与えられている (2テモ3・16参照)。③更に第3に、その聖書の聖霊による講解に基づいてイエス・キリストを証しする教会の説教もまた、「宣教された神の言葉」(das verkündigte Wort Gottes) と見なされる (1テサ2・13参照)。ただし、後二者の場合は、神がそのように認めてくださるからである。だから、最も原初的にはイエス・キリストのみが「神の言葉」であり、「神の言葉」に関する最終的な判断基準である。聖書の規範性はこのようにして基礎づけられた。

以上から、神学が公同的なものとなるためには、少なくとも学問的にきちんと筋の通った聖書解釈学によって基礎づけられた聖書釈義を踏まえた主張でなければならないことが論理づけられた。この原理は、後にKD I/1できちんと公表される。

神学の三つの道

ここでわれわれはバルトの思索を跡付けるために、彼が『ロマ書』の第2版を出版したと同じ時期に行った「神学の課題としての神の言葉」(Das Wort Gottes als Aufgabe der Theologie, 1922、巻末文献表6参照) と題される講演 (「エルガースベルク講演」とも呼ばれる) に簡単に言及しておきたい。

バルトがこの講演で言いたかった内容は、彼自身の次の文章にきちんとまとめられている。「われわれは神について語るべきである。しかし、われわれは人間であって、神について語ることができない。われわれはこの二つのこと、すなわち、語るべきことと、語ることができないことを知って、まさにそれゆえに神に栄光を帰さなければならない」(WG, S.199［『著作集1』169頁］私訳、巻末文献表6参照)。

では、バルトはなぜ、「われわれは人間であって、神について語ることができない」と言うのであろうか。彼はこの講演で、神について語る三つの方法、すなわち、教義的方法（dogmatische Methode）と批判的方法（kritische M.）と弁証法的方法（dialektische M.）について各々を吟味し、いずれも不可能であると結論付けている。

まず、福音を教義的に語るとは、「神は人となった」という福音の真理をそのままストレートに語ることである。そういう語り方ができるということが、この正統主義的な語り方の強みである。「しかしながら、正統主義が……次のことをいささかなりともなしえないという状況こそは、正統主義の弱みなのである。すなわち、福音の内容を、たとい『神』という単語一つでもよい、物的にであれ、対象的にであれ、神話的・実用的にであれ、『ほらこれだ、これを信じなさい！』とわれわれ自身に、また人々に提示することはできない、ということである」（aaO, S.209［同181頁］私訳）。なぜならば、説教がどんなに「神は人となられた」という究極の答えを繰り返し語っても、その「答（え）」を聴く聴衆自身はいつまでも「問（い）」であり続けるからである（aaO［同］私訳）。言い換えるならば、たといどのように理路整然と、あるいは重々しい権威を持って神とその恵みについて語ったとしても、人間の心にまでは達しない。これがまさに、当時の（そしてまた、現代の）正統主義神学が見せていた弱みであった。

では、批判的（kritisch）な語り方ではどうか。ここでバルトが言っている「批判的方法」とは、上述の教義的・正統主義的な語り方がいわば《上から》であるとするなら、それとは正反対に、《下から》、いわば「問」に満ちた人間の存在やその宗教意識の分析から始め、その「問」に対してあらゆる既成の――または、われわれが持っている――「答」がいかに不十分かつ不満足なものであるかを示すことを通して、魂の中に神が誕生するという神秘主義的な「答」を暗示するという、自由主義神学の語り方のことである。しかし、これもまた不可能である。なぜなら、「その際、十字架は立てられるであろう。しかし、復活は宣べ伝えられない。したがってそこで立てられた十字架も、最終的には何らキリストの十字架ではなく、何か他の十字架でしかない。なぜなら、キリストの十字架はわれわれによって立てられなければならないようなしろものではないからだ！」（WG, S.211［『著作集1』184頁］私訳）。バルトによれば、このような語り方は神秘主義または理想主義または観念論に行き着くよりほかにない。つまり、その最終命題は常に、「人間とは、何か超克されなければならない何ものかである」という結論に帰着するだろう、と言う（aaO, S.210［同182頁］私訳）。言い換えるならば、人間はもともと何か本質的な欠陥を持って生まれたしろものであり、その我意が十字架にはりつけにされなければ救われない。しかし、キリストの十字架（それは復活のある十字架である）はこの語り方では語られず、聴衆は慰められないまま帰らざるを得ない（または、既に知っている自分の答えを再確認するだけである）。実際、やがて第2次世界大戦が始まる頃、R.ブルトマンが聖書の非神話化（Entmythologisierung）を提唱して大いに脚光を浴びていたが、その実存論的解釈によって人々はただ、自分をキリストと共に十字架にかける決断をしなければ救われない、と追いたてられるだけだったという。

では最後に、弁証法的（dialektisch）な語り方はどうか。バルトはそれが、パウロ的・宗教改革者的であるゆえにだけでなく、内容的にも最も優れた方法である、と率直に述べる。実際、彼が最も親近感を覚えていたのはこの方法のようである。なぜなら、ここでは神についても人間についてもあらん限りの真剣さで語られ、神の「答」と人間の「問」との間に真剣な対話が交わされ、「不敬虔者の義認」（iustificatio impii）の教理が真剣に説かれる。しかし、まさにこのような説教の最高の可能性について、バルトは言う。「神について語られるとき、神御自身が語られるという、この可能性は……この弁証法的方法によっては成就しない。そうではなく、この方法が破たんするまさにそこにおいてだけ、成就する」（aaO, S.215［同188頁］私訳）、と。つまり、人間に可能なすべての道（教義的、批判的、弁証法的の三つの道）が破綻したところで、神の御霊ご自身が、神ご自身について語られる時に、初めて、「神が人となった」という福音の真理が語られ、聴かれるのである。人間はただ、この「不可能性」の高くそびえ立つ山をしっかりと見つめる時にだけ、初めて、

「あなたは神について語るようになる」という神の「約束」（Verheißung）に全くより頼むようになり、神に栄光を帰するようになるのである（aaO, S.216ff.［同 189 頁以下］私訳）。つまり、その時には、われわれは、神は既に御言葉を語った（Deus dixit）し、現に語っておられる（Deus dicit）という厳粛な出来事に出会うのである。

以上から了解されるように、バルトが目指していたものは、「保守」と「リベラル」の争いとは無関係である。彼はむしろ、プロテスタント諸派の不一致が克服されることを願っていた。なぜなら、それらは皆、「わたしは聖書をこう読みました」と主張するだけであるから、なかなか「公同性」を獲得することが難しい。常にプロテスタント特有の「無限分裂」の可能性を秘めている。バルトがひそかに願っていたことは、むしろ、ローマ・カトリック教会、東方正教会、そしてプロテスタント教会の3教会が真のエキュメニカル（世界教会的）な対話をすることができるような、公同教会的な教義学の形成であった。それゆえ、後に出版される彼の教義学は、書名も堂々と『教会教義学』が付けられた。実際にその後、ローマ・カトリック教会は教皇ヨハネ 23 世のもと、「第 2 バチカン公会議」を開き（1962-65 年）、それを機に、カトリックとプロテスタントの距離は大いに縮まったが、その背後にはバルト神学の存在が大きかった。実際に日本などでも聖書の共同訳の作業が行われるようになった。それはバルト神学が非常に豊かな公同性を持っているからに他ならないと言えよう。

では、どうしたら、「神が語った」という次元を確保し、福音理解においても、神の《既に》ということ、われわれの言葉で言えば、「神の先行性」を確保できるような神学を構築できるのであろうか。

アンセルムス研究から

バルトのアンセルムス研究は、彼の『ロマ書』と『教会教義学』を結ぶものであると言ってよい。

その間に 10 年の歳月が流れるのであるが、彼はその間にも、福音の諸真理を次々と地道に検討している。重要な論文を少し拾い上げただけでも、「キリスト教宣教の危急と約束」（1922年）、「神学の課題としての神の言葉」（同）、「現代における倫理学の問題」（1924年）、「死人の甦り」（1924年）、「改革派教会の聖書原理」（1925年）、「義認と聖化」（1927年）、「神学と教会」（同）、「神学における運命と理念」（1929年）[31]、「サクラメントについて」（同）、「聖霊について」（1930年）などの、広範な神学的主題についての著作が出版されている[32]。

バルトはそれらを自分の主著となるはずの「教義学」という形でまとめて、一度、Die Lehre vom Worte Gottes. Prolegomena zur christlichen Dogmatik（『神の言葉の教説　キリスト教教義学へのプロレゴメナ』巻末文献表14参照）と題して1927年（41歳）に出版している。『ロマ書』が出版されてから5年後であるが、この若さで自分の教義学を書き始められる人はまずほとんどいない。トマスが主著『神学大全』をサン・サビナ修道院で書き始めたのと同じ年齢である。

この「キリスト教教義学」がバルトの主著となるはずであった。しかし、なぜか第1版4000部が発行されただけで、第2版も、続きの第2巻も出なかった。バルトは逡巡していた。それは特に、彼が中世の神学者アンセルムスを研究した結果、ちょうど『ロマ書』の第1巻を後で、「石ころ一つも残っていないほど」（マコ13・2参照）全面的に書き改めて第2巻にした時と同じように、根本的に書き改める必要を次第に痛感し始めたからである。というのも、「キリスト教教義学」はキルケゴールの実存哲学などを取りいれていて、その方法論的基礎付けに彼は決して満足していなかったのである（詳しくは、vgl. KDI/1, S.VIIff.［『神の言葉』I/1, V頁以下］）。すべての実存主義的な残滓が一掃され、書名も「教会教義学」と改められて、その第1巻（KD I/1）が出版されたのは、更に5年を経た1932年であった。これが順次書き続けられて、全部で9000頁を超える、バルトが全生涯をかけた彼の神学の集大成となったわけである。

31　本書はバルトのカトリック神学との関係を知る上では重要な書物である。
32　いずれもバルト神学を研究する上では重要。巻末文献表で順に7,8,11,12,16,17,18参照。

彼がアンセルムス（1033/34-1109年）の重要性に気づかされたのは、哲学者ハインリッヒ・ショルツの講義を聴いたからと言われる。さっそくバルトはアンセルムスの思索の足跡を丹念に調べ始め、いわば弟子が親方から仕事を「盗む」ように、その方法論を学び取った。そして、学生たちへの講義（1930年夏学期から1年間）を経て、『知解を求める信仰』（巻末文献表参照）と題して上梓した（1931年）。

この書物は、神学史上不朽の名作とされるアンセルムスの『プロスロギオン』の2〜3章を講解したものである。バルトはそれについて、「私のブルンナーに関する『否！　エミール・ブルンナーへの返答』の方はとてもよく読まれるが、私が最も深い愛情を注いで書いたこの本は……私のすべての書物の中で最も読まれない書物である」と言ったという（『バルト伝』294頁参照）。

次にこの「アンセルムス」本によって、バルトがどのように自分の神学を築き得る道を見出したかについて、概略を述べたい。

バルトはその「第I部」で、自分がアンセルムスから学んだことを読者に紹介している。

①まず、神学することの必要性（Notwendigkeit, FA, S.14ff.［『著作集8』12頁以下］）とは何か。

バルトは、神学が教会にとって、宣教の自己反省という、わりと分かりやすい必要性の他に、結局はそれと同じことになるのであるが、一人ひとりのキリスト者にとって、「信仰は知解を求める」から必要だ、と説く。「知解」する（intelligere）とは、自分が既に信じている事柄を更に知性においても理解し、把握することである。というのも、人間は無思慮に信じてそれで満足できるわけではない。初めて神の言葉に接し、御霊によって与えられた「信仰」は、確かに「空洞」である。しかし、そこから引き続き聖霊の導きの許に、知・情・意を備えた人間が全人格をもって神の《真実》（Treue）に対する《応答真実》（Gegentreue）に生きようとすることが信仰であるなら、知性もまた、自分が信じたことを確認し、確信したいと願うことが、《肉》の業とは違った次元で存在するはずである。それゆえアンセルムスは、自分の立場を「我、知らんがために信ず」（Credo, ut intelligam）という標語で表明した。注意すべきは、これは「我、信ぜんがために知る」（Intelligo, ut credam）ではなく、信仰（credo）を大前提としている。信仰への決断は差し控え、その周辺でさまざまな哲学的・宗教的研究を重ね、知識を増やそうとすることは、「下から上へ」の線にとどまることになる。信仰は人間が求めたからといって得られず、神がその人を選び召さなければ与えられない。

しかし、いったん神がその人を憐れみ、御霊を賜って洗礼にまで導かれた者は、誰でも、自分が信じている神とその愛の深さ・確かさ・賢さを知り、信じている事柄の内的な意味連関やその合理性・合目的性をも知りたいと願うであろう。また、神の世界救済の御計画を正しく理解して、ますます神を深く愛し、神に栄光を帰したいと願うであろう。その知識は美しく（pulcher）、魂を満たすはずである。この聖霊に導かれた人間の営みをアンセルムスは「知解」と呼ぶのである。

② では、人間が神学をなし得る「可能性」（Möglichkeit, FA, S.21ff.［『著作集8』22 頁以下］）はどこにあるのか。

バルトはアンセルムスから、神学にとっての所与はキリスト教会であることを深く学んだ。神学は根本的に、人間が自分自身から始めることのできない学問である。一人の人が何らかの特異な宗教体験を持つことによって始められるのでもなければ、誰か名高い神秘主義者を見つけて研究をすることよってでもない。「短く言えば、教会が現れる」（aaO, S.21ff.［同 23 頁］私訳）。神学の可能性とは、「聖書」と古代教会の「信条」が与えられていて、そこですでに神学的思惟が始まっていたことである（aaO, S.23［同 23 頁］）。もし、あらかじめ「聖書」も「信条」も与えられていなかったら、誰一人として神学に携わることはできない。なぜならば、神は《既に》語っており、《既に》御自身をわれわれの神学的思惟の対象として提供しておられるが、そのキリストの御復活を証ししているものは、教会だけだからである。『教会教義学』の最初の序文でも、バルトは割と強い口調で次のように言っている。「教義学は“自由な（frei）" 学問ではなく、教会という空間に結ばれ、そこで、そして、ただそこでのみ可能であり、意味のある学問である」（KD I/1, S.VIII［『神の言葉』I/1, iv 頁］）、と。これは、彼が己の教義学を「キリスト教教義学」から「教会教義学」と改名したもう一つの大きな理由である。

③ では、神学が神学となる「条件」（Bedingungen,FA, S.25ff.［『著作集 8』28 頁以下］）とは何か。

バルトはアンセルムスに従い、神学するための「条件」を次のように説明する。第 1 に、神学とは根本的な意味において、「追思考」（Nachdenken）でしかない（aaO, S.26［同 29 頁］私訳）。すなわちそれは、教会の先達たちが歩んだ神学的思考の道程を、彼らの足跡を踏みしめながら、もう一度自分の足で歩き直すことである。その道は、かつて使徒パウロやアウグスティヌスが、あるいは宗教改革者のルターやカルヴァンが、いや、彼らのみならず、大勢の神学者たちが苦労しながら歩んだ道である。その意味では踏み固められた道でもあり、あるいは、彼らが登った山道にも譬えられよう。それをもう一度、初めから一緒に登るのである。神学はいつも、「初めから歩き直す」という道しかない。そしてこの「追思考」とは、常に、先達たちが信じた事柄を、「なぜ（warum）か」、そして、「いかなる意味において（inwiefern）か」を「追思考」することである。すなわち、「神が存在し、三つのペルソナにおける一つの存在であり、人間となり給うたのは事実である等々ということ（daß）を前提とした上で、……それらがどのような意味で（inwiefern）真実であるか」を問うのである（aaO, S.59［同 75 頁］私訳）。その結果、彼らが登ったと同じ山頂にまでたどり着くかもしれないし、場合によっては、少し違うところに行き着くかもしれない。実際バルトは、予定論においてカルヴァンと共に、彼の足跡を踏みながら歩いた結果、カルヴァンの「二重予定説」とは少し違う、「恵みの選び」の教説にたどり着いた。しかしそれは、カルヴァンとは違う出発点や違う道を歩いたからではなくて、全く同じ出発点に立ち同じ道を歩んだのであった。ただ、途中でカルヴァンがその道から外れた道を歩みだしたのに、バルトはそうしなかっただけである（詳しくは、本書 106 頁以下参照））。このように、バルトにとって神学とは、どんな場合でも、「追思考」でなければならない。

第 2 に、当然のことながら、神学者自身は謙遜、神への愛等々の、神学者として望ましい性格を備えていなければならない[33]。

第 3 に、バルトが神学する「条件」としてもう一つ特に強調しているものは、「祈り」である（FA, S.34ff.［『著作集 8』42 頁以下］）。実際、アンセルムスの『プロスロギオン』は、神が存在することの証明（いわゆる「本体論的証明」）をしようとしているのであるが、その前にアンセルムスは、この神に向かってあつい祈りを捧げている（Prosl. I, 97, 1sqq.）。論証が終わった後にもそうしている。バルトに言わせれば、神学は祈りなしには絶対に成就しないのである。バルト自身、ボン大学の最も多くの学生を収容し得る講義室で『教会教義学』を講義していた時、「毎回の講義を、短い祈祷会（アンダハト）で始めた……ヘルンフート兄弟団の《聖書日課のテキスト》を読み、学生たちといっしょにコラールを合唱した」（『バルト伝』304 頁以下）という。

④ では、神学が歩むべき「道」（Weg, FA, S.39ff.［『著作集 8』48 頁以下］）とは、どのような道であるのか。

バルトはここで、神学は人間の普遍的な理性のみによって（*sola ratione*）歩むべきであると強調している。これは何を意味するのであろうか。理性のみを用いるとは、誰か偉い人の権威や教会の権威が持ち出されてはならず、またもちろん、世の中の人々の考え方や哲学のようなものも持ち出されてはならない、という意味である。神学は、信じられない者に「知性の犠牲」を強いることはしないからである。それだから、純粋に「理性のみによって」、既に承認された神学的命題（または信仰箇条）のみを前提として、まだ承認されていない命題（または信仰箇条）

33　これらについては、特にバルトの最後の講義「福音主義神学入門」を見よ。まさに「白鳥の歌」とも呼ぶべき美しい作品である（巻末文献表 39 参照）。ついでに言うと、バルトの文章について、評論家の加藤周一はこう言っている。「バルトの文章の美しさというものがあるとすれば、おそらくそれは文体の美しさといったものではなく、人間そのものの美しさであろう」（加藤周一『現代ヨーロッパの精神』、大木英夫『バルト』「まえがき」より引用）。

の論理必然性、すなわち、「なぜに」と「どのような意味で」を考えるのである。その場合、「知る」（intelligere）とは「内側を読む」（intus legere）ことだ、とバルトは説明する。これは、神学は「言葉」や「テキスト」を読んで理解する道をたどるわけであるから、単に字面を読むのではなく、その言葉の意味や語源や多様なニュアンス、および、命題の内的な意味や意味連関について思いをめぐらし、「黙想する」（メディタチオーン）という道程を歩む、という意味であろう。バルトのここでの議論は緻密であるが、その紹介は「入門書」である本書の範囲を超えているので割愛したい。

なお、ちなみに誤解のないよう言っておきたいが、バルトは哲学を少しも否定していない（実際、彼の2番目の弟ハインリッヒ・バルトは著名な哲学者だったし、バルト自身、バーゼル大学では哲学者のカール・ヤスパースとは親しい間柄であった）。むしろ、神学者が「神」と呼ぶものを哲学者は「根底」（Grund）と呼んで神学者が具体的に思惟している事柄を抽象的に思惟している、と考えている。

われわれはむしろ、バルトがなぜ「理性のみ」を強調するかと言えば、それは次の⑤の、神学の「目標」が「証明」にある、ということと深く関連しているので、その説明に入りたい。

⑤ バルトはアンセルムスにおける信仰の「知解する」（intelligere）が究極の目標としているもの、すなわち、神学の目標（Ziel, aaO 57ff.［同73頁］）とは、信仰的真理の「証明」（probatio, Beweis）である、という。

「証明」というバルトの言葉は、少しく説明を要する。いうまでもなく、それは数学の証明のように、ある一定の「公理系」や「公理群」を定めてそれに基づいてするのではない。またわれわれは、神学的言語がすべて、その対象である神に対してはいささかの不適合性をまぬかれることができないことを常に忘れてはならない（aaO, S.28［同32頁］）。神学は、神の自己認識と同じ域に達することはできない。

しかし、人間には人間にふさわしい仕方で神の真理を認識することが許されている。その認識とは、何も知解せず、ただ教会の宣教を無思慮に受け入れるだけの状態（いわば地上にいる状態）と、終わりの日に「顔と顔とを合わせて〔神を〕見る」と記されているような意味で（1コリ13・12）、信じていた事柄がすべて真理であることを知るようになるいわゆる（天上における）「至福直観」の状態との中間の状態である（FA, S.20［『著作集8』20頁］）。だから、神学のあらゆる命題は、「中間時的な表現」（aaO, S.30［同34頁］）でしかなく、神学は根本的に言って、常に「旅人の神学」である、とバルトは言う。

バルトが神学の目標は「信仰的真理を証明すること」であると言っているのは、次のような事柄である。神学は、いつも神の御言葉の真理性を証しする群れに加わり、公同の教会という空間でなされる。だからそれは、常に愛の業でもある。というのも、信仰者は誰でも――神学者自身も含めて――信仰の確信を失い、懐疑の谷底をさ迷い歩く可能性を持っている。したがって、神学を営む人は、その信じたくても信じられない人々と同じ立場に立ち、彼らとの深い連帯性の中で営むことになる（aaO, S.60ff.［同77頁以下］）。したがって神学は、純粋に誰もが共有できる普遍的理性（ratio）のみを用いて、信仰の合理性を「証明」することになるわけである。

ここで、「理性」（ratio）の意味をわれわれは近・現代風に誤解してはいけない。「理性」とは、何かの理屈を自分で勝手にこねくり回す能力ではない。「理性」を意味する“ratio”は、中世の神学や哲学では、単に人間が一般的に物事を「理解する働き」を意味しただけでなく、対象自身が持っている《理解され得る構造》をも意味した。なぜなら、中世の人々にとっては、すべての被造物は神の被造物であるゆえに、《理解され得る構造》を持っている。特に対象の《理解され得る構造》を言い表す場合には、“ratio”は「理拠」と邦訳される。例えば、「時計」を見てそれを「時を刻むもの」と理解することは、時計の「理拠」（ratio）を理解する「理性」（ratio）の働きである。このことが可能であるのは、時計が人間の被造物であるからである。同様に、すべてのものは「理拠」（ratio）を持っていて、事物を理解するとは、その事物の内にある「理拠」を読み取る（intus legere）ことである。神学的対象についても同じことが言える。それを支配しておられるのは神であるから、やはり「理拠」を持つ。その内的な「理拠」を「理性」が読み取ることが、神学の歩むべき「道」である。というのも、神学の場合にも、理性とは空っぽの「器」だからである（ちなみに、「理性」を意味するドイツ語の“Vernunft”は“vernehmen”〔聞き取る〕からきている）。

バルトに言わせれば、信仰は「空洞」である。だから理性の働きとは、御霊によって聴くことができた言葉をそのままに受け止め、その「内側を読む」（intus legere）こと、すなわち、その内的真理を理解すること（「聞き分ける」こと）である。その時に用いられる理性は、一般人が対象を正しく認識する時に用いる一般理性と何ら変わらないはずである。つまり、神学が歩むべき「道」とは、人間に許された所与（聖書と信条）を受け止め、与えられた「条件」（追思考と祈祷）の下で、対象の「内側を読み、追思考すること」を通して神の言葉の真理性を信じられない者にも「証明」することに他ならない。

そのようにして、神学は求めていたものを無事得られるかもしれない。その時には、喜びと共に神を讃美し、愛する愛がますます深められるであろう。だからバルトは、神学は「喜ばしい学問」（frohe Wissenschaft）であるという。なぜなら、およそ真理というものは、いつも単純で、かつ美しい（pulcher）。例えば、物理学で質量とエネルギーの等価性を表す方程式は

$$E = mc^2$$

であり、単純で美しい。神が人間を愛して御独り子をお遣わしになられたという福音の真理も、本当はとても単純で美しく、人間に深い喜びを与えるものである。だから、神の真理が証明できた場合には、恐らく喜びと共に深い慰めが与えられ、神を愛し隣人を愛する愛が増し加えられよう。しかし、もしできなかった場合でも、それで躓いてしまうわけではなく、ただ神への深い畏敬の念を抱いて振出しに戻るだけである。なぜなら、やはり「信仰」の中にはとどまっているからである、とバルトは言う。

以上、われわれはバルトの「証明」という言葉の説明を少し敷衍して

みた。多少言葉の遊びをお許し願うならば、神学の目標である「証明」とは、自分が救われているという「救いの確信」を得ることであり、それによって暗い心に「照明」が与えられることであり、更に言えば、己の「召命」を確信するようになるという、信仰者の実存に深く根差した事柄である。だから、神学は説教に通ずるのである。

なお、一言付け加えるならば、バルトが「神学するとは信仰的真理を証明することである」と主張している場合、それはまさしく真剣勝負をしていることであるから、信仰の「弁証」をしているのではない。別の言い方をすれば、それは隣人との極めて連帯的な行為であるが、直接的には、教会の「内側へ」(nach innen) 向かう「証明」であって、「外側へ」(nach außen) 向かう「弁証」ではない。むしろ、「内側に向かう証明が、そのまま外側への証明となる」(FA, S.65［『著作集 8』83 頁］私訳) とバルトは言う。つまり、神学はブルンナーの言うように教会の外側にいる人への「弁証学」(Apologetik) や「論争学」(Eristik) ではない。それらは内側にいる人への「教義学」(Dogmatik) によって不要とされている。なぜなら、内側への証明すら、その成功・不成功はひとえに神がその御言葉の真理を自己証明してくださるか否かにかかっているからである。だから、神学は信仰と同じく、一つの出来事 (Ereignis) なのであり、成功するかどうかは分からない。神学者はただ神に祈り、祈りが聞かれることを信じて神学するだけである。だからバルトは、弁証学のように、躓きを取り除くために初めからプログラム的に行われることに対しては相当に懐疑的なのである。そしてバルトは、「不信仰が信仰に期待していることは、端的に言ってただ一つのこと、すなわち、信仰が出来事となることである」(KD I/1, S.29［『神の言葉』I/1, 59 頁］) と言う。だから、神学が起こり、証明が神の助けによって成功する時、対外的な弁証もまた、意図せずして出来事として起こり得る、とバルトは信じている。

神は存在するということ

バルトのアンセルムス本の第 II 部は、アンセルムスの「プロスロギオン」の第2～3章の講解である。ここでバルトは、神の存在を神が語った一つの言葉から証明する道程を追思考している。これは哲学の世界では誤って「本体論的証明」と名付けられ、その当否がかまびすしく論じられてきた。デカルト、ライプニッツ、カントなどの哲学者はこの証明は成り立たないと言っている。しかし、彼らはアンセルムスが証明の前に神に祈っていることをすっかり忘れているのである。アンセルムスはここで哲学をしているのではない。信仰を前提とする神学をしているのである。トマスも、この証明は不完全であるとして、自分はアリストテレスの『形而上学』に範をとり、自然界の合目的性、美しさ、完全性等々の原因を考察して創造者なる神の存在を遡及的に証明するという方法（自然神学的方法）をとる、と述べている[34]。

われわれが間違えてならないことは、アンセルムスは決して神についてのある哲学的な「定義」から出発しているのではなくて、神御自身から発せられた御言葉（禁令）から出発している、ということである。それが、神とは、「それより偉大なものが何も考えられ得ない何か」（aliquid quo nihil maius cogitari possit）である、という証明の《鍵の言葉》である。バルトはこの「鍵の言葉」が、啓示によって与えられた神の「禁令」（Verbot）であることを繰り返し強調している（FA, S.98, 121, 139 uö［『著作集 8』131, 164, 189 頁他］）。実際、このことを見逃すと、アンセルムスの証明は全く分からなくなってしまう。

神はモーセに対して、「わたしは、有って有る者」（出 3・14、口語訳）とその御名を啓示された。つまり、神は自己証明（啓示）をなさるお方であり、それが「神が語った」（Deus dixit）ということに他ならない。しかし、神の存在に対して疑惑を抱いて苦しんでいる隣人が実際にわたしの隣りにいる。アンセルムスは彼と連帯し、非常に長い間苦しみもだえた挙句、とうとう、この「有って有る者」という神の御名をモーセに啓示された十戒の第一戒「あなたはわたしのほかに、なにものをも神としてはならない」（出 20・3、口語訳）と結び付けることを神から示さ

34　Thomas, ST I, Q 2, a1; a3. ただし、トマスは必ずしも彼の証明を誰もが理解できるとは考えていない。

れたのである。そして証明にたどり着く。証明は少しも難しいものではない。アンセルムスはまず、「それより偉大なものが何も考えられ得ない何か」が誰の知性の中にも――したがって、神の存在に疑念を抱く未信仰者の知性の中にも――存在していることを確認する。次に、それは人間の「知性」の中にだけ（solum in intellectu）でなく、「現実」にも（et in re）存在するということを未信仰者の知性も考えることならできる（cogitari potest）ことを確認する。最後に、単に知性の中にだけ存在するよりも、知性の中にも、そして現実にも存在する方が「偉大である」（maius est）。であるがゆえに、「それより偉大なものが何も考えられ得ない」神は、現実にも存在しなければならない、と結論される。

この証明は、「偉大である」という言葉の意味をほじくりまわしても何も出て来ない[35]。ただ、神の「あなたはわたしのほかに、なにものをも神としてはならない」との禁令を真面目に受け取ろうではないか、と言っているだけなのである。なぜなら、この「禁令」とは、「あなたは神となってはならない」（FA, S.84［『著作集 8』111 頁］私訳、創 3・5 参照）という禁令に他ならないからである。それだから、神の御名の啓示を受け、啓示を信ずる信仰に生きようとする信仰者にとっては、どんなに信仰が衰えても、「あなたはわたしのほかに、なにものをも神としてはならない」との禁令を思い起こせば、神が確かに存在し、その非存在は絶対に考えてはならず、またあり得ないことが明らかとなる。それは「普遍的理性のみ」を用いて論理必然的に証明されたことに他ならない[36]。

つまり、バルトにとって、「神の存在」とは、「われわれは神なしにもちゃんとやっていける」とうそぶく現代の世俗化の時代に対して、神学者が最初に語るべき言葉、「あなたは自分を神としてはならない」だっ

35　アンセルムスの翻訳者吉田暁はこの証明の秘密はこの「偉大な」という言葉にあると考えて、バルトもまた存在を無よりも偉大であると考えている西洋存在論的な伝統に無意識に立っていると解説しているが、バルト神学の立場から言えば全くの誤解である。『アンセルムス全集』吉田暁訳、聖文舎、1980 年、142 頁参照。

36　バルトは更に、アンセルムスの叙述に忠実に従い、「プロスロギオン」の第 2 章は一般的な意味で「神は実在すること」の証明であり、第 3 章は特別な意味で、神が御自身によって（a se）存在し、その非存在は考えられ得ないことの証明である、と講解している。その説明は割愛する。

たのである。神が存在するということは、人間のさまざまな願望や欲求や必要性や「魂の枯渇」などから考えられてはいけない。神御自身の禁令から考えられなければならない。更にバルトは、「あなたは自分を神としてはならない」という禁令を、本当に近・現代人は一度も誰からも、どこからも、聞いたことはないのか、と真剣に問おうとしている。実際、バルトは同じ頃、「神学的公理としての第一戒」（Das erste Gebot als theologisches Axiom、巻末文献表33参照）という論文を発表している。バルトにとって、アンセルムスが『プロスロギオン』で示した神の「あなたはわたしのほかに、なにものをも神としてはならない」というモーセの第一戒は、神学にとってはまさに「公理」と呼んでもよい位置を持っていたのである。

以上でわれわれは、バルトがアンセルムスから学んで彼の『教会教義学』を書くことができる堅固な地盤と方法を手に入れた道筋を確認することができた、と考える。

「神が語った」とは何か

第3章のまとめをしたい。

われわれは『教会教義学』形成までのバルトの歩みを少し丁寧に検討したが、以上から、バルトが自分の神学の歩むべき「道」の出発点として――彼の『知解を求める信仰』ではそこまでは書いていないのであるが――彼が明確に「キリスト中心主義」という出発点を見いだした、と考えることが許されよう。

というのも、実際のところ、バルトはアンセルムスから、神学にとっての「所与」とは、「神が存在し、三つのペルソナにおける一つの存在であり、人間となり給うたのは事実である等々ということ（daß）を前提とした上で、……それがどのような意味で（inwiefern）真実であるか」を問うことである、と学んでいる（aaO, S.59［同75頁］私訳）。バルトのその後の歩みは実際に、「唯一のまことの神、主がいます」ことと、「神が三位一体であられること」と、「イエス・キリストはまことに神にしてまことに人である」ことを 3 本柱としている。この内の、「神の存在」に関してはまさにただ今証明された。第 2 の、神の三位一体性は『教会教義学』で真っ先に論証される（KD I/1, S.311ff.）。第 3 の、キリストの「神・人両性一人格」は、キリストの復活が神の啓示そのものであることから（そしてわれわれは、そこからしか出発できない）、つまり、この復活が十字架にかけられたお方を「まことに神にしてまことに人」として顕している事実から出てくる。この論証は『教会教義学』で「神の三位一体性」の論証を行ったあとにすぐ続いて行われる（KD I/2, S.1ff.）。したがって、バルトは実質的には、「三位一体の教義」と「キリスト論の教義」を 2 本柱とすることによって、彼の教義学を構築できるようになったのである。それは、教会にとって最も公同的な、誰でもが承認し得る「ニカイア－カルケドン信条の線」を歩むことを意味する。

この中で、特にキリスト論の命題は、彼の教義学のあらゆる場面において威力を発揮することになる。そこから、彼の神学は「キリスト中心主義」（Christozentrismus）であると彼自身も宣言するようになるのである。実際、バルト神学にとって、「言（ことば）は肉となって、わたしたちの間に宿られた。わたしたちはその栄光を見た。それは父の独り子としての栄光であって、恵みと真理とに満ちていた」（ヨハ 1・14）の聖句は、彼の神学的思索のつねに中心にい続けたと言ってよい。

なお、バルトは 1922 年の時点で神学の三つの方法（教義的、批判的、弁証法的）のいずれもが不可能であると述べたが（「エルガースベルク講演」、本書 56 頁以下参照）、実際には「教義学」の形成に従事することになる。このことについて、一言説明しておきたい。

注意すべきことは、バルトのキリスト論は天下り式に上から「公理」のように降って来た、いわゆる「上からのキリスト論」（Christologie von oben）ではないことである。したがって、バルトは「教義的方法」（本書 56 頁以下参照）を無反省に用いているわけではないのである。この方法は十分に吟味された結果、神の啓示そのものにまで遡及してその使用可能性が確かめられている。その結果、バルトは彼がブルームハルトから聴いた福音をこのアンセルムスの神学方法で十分に生かし得るとの確信を得たのであろう。その方法は信仰の弱い兄弟たちと連帯的であり、常に神の御霊の助けを祈り、ただ理性だけを用いて歩み、最後には神の御名を賛美・頌栄するまでに至る道である。

またもちろん、彼は「批判的方法」（本書57頁以下参照）は取らない。

最後にまた、「弁証法的方法」（本書58頁参照）をも取らない。キルケゴール的な実存弁証法は一掃されている。彼のキリスト論は「下からのキリスト論」（Christologie von unten）ではないのである。

E. ユンゲルと共にバルト神学の忠実な継承者とされるH. G. ガイヤーは、バルトのキリスト論は「彼岸からのキリスト論」（Christologie von jenseits）と呼ばれるのがふさわしい、と言っている。けだし正鵠を射ているのではないか。それはキリストの復活という、「彼岸」からこの世界にうがち開けられたたった一つの「弾孔」から出発しているからである。

同様にわれわれは、バルトは三位一体の第二位格（キリスト）ばかりを重んじて、第三位格（聖霊）を軽んじている、という非難も当たらないと考える。バルトは伝統的な「三位一体」（Trinity）を崩して、「二位一体」（Binity）にしているという批判である（Ch. シュベーベル）[37]。バルトが聖霊のお働きに関して、実質的にはいかに重要な役割を与えているかを考えればこの批判は全く当たらない。

バルトの啓示理解について述べた本章の叙述はここまでとしたい。

37　Ch. Schwöbel, Vorword, In: Colin E. Gunton, The Barth Lectures, pp. XIX-XXVI. 巻末文献表50参照。

II部　バルトの福音理解について

本書は単なるバルト神学の入門書であるから、複雑な専門的議論は省いてできるだけ早くバルトがどのように福音を理解したかについての核心となる事柄について説明したいと願っている。その意味では、直ちに彼の「恵みの選び」（KD II/2, S.1ff.）の教説の紹介に入り、続いて「和解論」の、特にその第1部（KDIV/1, S.1ff.）の紹介をするのがよい。と言うのも、E. ユンゲルが言っているように[38]、バルトの和解論こそは、彼の神学の最も魅力ある部分であり、しかも、それがキリスト者にとってはわりと分かりやすく展開されているからである。

しかし、たとい富士山程度の山に登る場合でも、ある程度まで装備を必要とする。でなければ、せっかく登ろうとしても途中で挫折するか、山頂に着いた時に本当の素晴らしさを味わえなくなっている恐れがある。バルト神学はまさしくエベレスト級の霊峰に譬えられよう。それだから、その魅力を十分に味わうためには、一応本格的な案内を必要とする。その上われわれは、わざわざ極めて難解と言われる『ロマ書』の紹介から始めて、バルト神学形成の道程をただ今までたどり着いた。読者の中には、本気で「バルト神学」の「入門」を考えている方もおられよう。また、「神学」というものに初めて接して、初歩から学びたいという好奇心を持った方もおられよう。それであるから、やはりバルトがどのように「神」というものを考えていたか、すなわち、「神論」（KD II/1-2）についても、また、どのようにしてそのような認識に到達することができたか、すなわち、いわゆる「プロレゴメナ」（KD I/1-2）と呼ばれる部分についても、簡単な紹介をしたい。

38　E. Jüngel, Gottes Sein ist im Werden, S.12f.［『神の存在』35 頁以下］（巻末文献表 47 参照）

最初に『教会教義学』の中の「三位一体論」(KD I/1, S.311ff.［『神の言葉』I/2］)の紹介をしたい。この部分は、教義学とはどのような学問であるかを述べた後、バルトがいよいよ「神が語った」(Deus dixit)、すなわち、啓示とは何を意味するかについて述べている部分である。難しく言えば、教義学全体に対する「認識論」として最初に置かれている。「認識論」と言っても、それはバルトが『ロマ書』の冒頭で啓示について述べたもの(本書44-45頁参照)の丁寧な語り直しであり、彼が「神学の三つの道」(本書56-59頁参照)を経てアンセルムスから学んだ「神学するとは何か」ということ(本書61-68頁参照)の応用に過ぎない。4章の最後で(本書90頁以下)、バルトが「神」とはどのようなお方であると捉えているかについて述べたい。

その次に、「恵みの選び」について(本書93頁以下)と「和解」について(本書113頁以下)紹介したい。この二つの部分は、いわば彼の神学思想のまさしく白眉と言える部分である。彼がナチスと戦ってバーゼルに追放された時から戦後のドイツの復興を応援して神学する中で書かれたもので、年齢的にも思想的にも最も脂がのり切った時から成熟の域に達した頃までのものである。彼がブルームハルトから受け継いだ「福音」の真理がよく聴こえてくる。まさにエベレストの清澄な頂の部分であると言える。

その後に、「神と和解させられた人間」について簡単に述べたい(本書150頁以下)。恐らくそれで、「入門書」としての本書の役割は果たせたことになるのではないかと考えている。

4章 神とはどのようなお方か

御自身を啓示なさる神

バルトは教義学という学問の課題と対象について一通り説明した後、

実質的な中身である第1巻「神の言葉について」の冒頭に三位一体論を置いている（KD I/1, S.311ff.［『神の言葉』I/2］)。「神が語った」（Deus dixit）という事柄についての説明である。どの旧約の預言者も「神が語った」と言って預言を始めているが、その解明である。

ところで、三位一体の教説は、《福音の内容》（ケリュグマ）自身ではない。したがって、教会が宣べ伝え（説教し）なければならない内容ではない。それを守る防壁として必要不可欠な、いわゆる《神学》プロパーに属する。だから例えば、カルヴァンの『キリスト教綱要』にはこれがない。カルヴァンはルターの忠実な弟子として、まさにルターが始めた宗教改革を理論的にも完成させようとして『キリスト教綱要』を書いたが、宗教改革当時、三位一体論は何ら問題ではなかったからである。

しかし、例えば古代教会では、この教説をめぐって非常に熾烈で真剣な戦いが行われた。

少し教会史をひもとくと、古代教会の最初の約300年における神学の主たるテーマは三位一体論ではなく、むしろ「福音の内容」、すなわち、「神はいかにしてサタンに勝利なさり、われわれを楽園に連れ戻してくださるか」という問い（贖罪論または救済論）をめぐっていた。すなわち、キリストの十字架は決して敗北ではなく、人間を罪と死のとりこにしたサタン的勢力に対するキリストの圧倒的な勝利であるという、「勝利者キリスト」（Christus Victor）論であった。彼がメシアであり、復活して天に昇り、神の右に座し、終わりの日に再び凱旋将軍（「人の子」、ダニ7・13、マコ14・62など参照）として来られる。その時「神の国」の約束が成就するということが、全信徒の最大の関心事であった。

しかし、それと並行して、さまざまな異端に直面してきた教会は、福音そのものを守る内的な必要性をも痛感していた。それが、キリスト教がローマ帝国の「国教」となったことで、皇帝が「公同教会」の信仰を「教義」（“dogma” には皇帝の「命令」という意味もある）として統一したいと願ったことと相まって、4～6世紀の古代教会はこの作業に全力で取り組むこととなった。かくして生まれたものが、「ニカイア―コンスタンティノーポリス信条」（381年）と「カルケドン信条」（451年）の二つの「基本信条」である。ここに「教会の公同的・正統的な信仰」(Fides catholica)の基礎が確立した。

実際、もし古代教会がこの論争においてアレイオス(アリウス)主義[39]に敗れていたら、キリスト教は異教の一つに変質してしまったか、もしくは、ユダヤ教に逆戻りしていたであろう。アレイオス主義の他にも、ドケティズム(キリスト仮現主義)、サベリウス主義(勢力説や父神受苦説)など、たくさんの回避すべき異端説があった。

さて、三位一体論の最も肝要な点は、イエス・キリストが旧約以来の「唯一のまことの神、ヤーウェ」とまったく同じ「神」であるかどうかにある(これに対して、聖霊の神性は一度も争われたことがなかった)。それゆえこの教義は、キリストが神であって人であるというキリスト論の教義が成立するための地盤を形成し、キリスト論の成立に向かっている。その中心点は、十字架上で亡くなったイエス・キリストの死が、まさしく、神が無限に深くわれわれ人類を憐れみ、われわれに御自身を与えてくださった「献愛」(Hingabe)、すなわち、「神の死」(Gottestod)[40]として理解されるか否かにある。なぜなら、もしイエスが「最高の被造物ではあるが神ではない」(アレイオス主義)とか、「半神・半人」であるということになれば、「神は、その独り子をお与えになったほどに、世を愛された。独り子を信じる者が一人も滅びないで、永遠の命を得るためである」(ヨハ3・16)という福音は全く成り立たなくなり、キリスト教はなくなってしまうからである。それはまさにキリスト教と福音にとって、《生き死に》の問題である。バルトはこの教義を重視している。

ではさっそく、バルトがこの教義をどのように論証しているかを見てみよう。

---

39 ニカイア信条制定の際、キリストの神性・永遠性を否定し、完徳を備えた最高の被造物とした異端説。今日のユニテリアンはその系統である。

40 ルターが「神の死」と言う場合と、ニーチェやフォイエルバッハが「神の死」と言う場合とでは、意味が全く違う。ニーチェの場合は、文字通り「神は死んだ、もういないから人間は何をしてもよいのだ」という意味だが、聖書やルターの場合は、イエスが父なる神への従順においてわれわれの罪を背負って死んだのだから、その「死」は完全に神の御手の中にある。「わたしは命を捨てることもでき、それを再び受けることもできる」(ヨハ10・18)のである。

バルトは三位一体論を「神が語った」（Deus dixit）という最も根本的な出来事を言い表す命題によって基礎づけ、論証している。もう一度本書44-45頁を参照いただいて、簡単に紹介したい。バルトはまず、

「神は主として御自身を啓示する」
（Gott offenbart sich als der Herr）

という神学命題を立てている（KD I/1, S.323［『神の言葉』I/2, 24頁］）。

この命題の中の、「主として」（als der Herr）という文言の中身についての考察は三位一体論の主題ではない。それはまさに「福音」が何であるかという問題であるから、『教会教義学』の残りの部分が全部その答えに充てられている。これを外して考えれば、「神が神御自身を啓示した」（ヨハ10・30、14・6, 9参照）という命題になる。バルトが『ロマ書』以来、上なる「父の世界」が下なる「肉の世界」と接触し御自身を啓示したのはただイエスの復活という一点において開けられた「弾孔」においてのみである、との考え方を言語化したものである。キリスト者なら誰でも首肯できよう（というよりも、これを否定したらそもそも神学が始まらない）。

われわれはまず、この「啓示」の出来事において、御自分を啓示される「父という在り方における神」と出会う。

次に、地上にあってこの父に「アッバ、父よ」という非常な親密さで祈り、交わり、父の御意志に服して十字架の死に至り（マコ14・36）、この父によって死人の中から甦らせられたイエス・キリストと出会う。彼は死んで甦らされたのだから、「父なる神」とは明らかに別人格である。つまり、「子という（別の）あり方における神」と出会う。彼は御自分が父から遣わされて「この世に来た」と証しされた（ヨハ6・38、7・29）。

最後にわれわれは、やはり「啓示」の出来事において、御子が「神」であるという霊的認識を授与し、告白させる「御霊という在り方における神」と出会う。というのも、彼だけが、われわれと神との交わりを創造なさる神であり、われわれにはできないからである（1コリ12・3、ヨハ14・16−17）。

以上から、聖書に御自身を啓示された神は、御父、御子、御霊のそれぞれが十全な意味で神御自身であり、全く違うあり方、働き方をしておられる三人の神ではなく、同じ一つの働きをしていて完全に一体なる神であると知らされる。要するに、われわれが神と出会った根本的な出来事を振り返った時、教会の「三位一体」の教義の根（Wurzel）が聖書に見出される、とバルトは主張する。ゆえに、聖書にはもちろん「三位一体」という言葉はどこにもないが、この教義の根拠は聖書の中に完全にある、と言う。

キリスト教の三位一体論の基本は、神があくまでも「ただひとり」（1コリ8・6）という堅固な唯一神信仰がどこまでも堅持されなければならないことにある。三神論となってはならない。日本のような多神教の国であれば、三人の神に各々の役割を職掌分担させて各々を神として祭り上げる「三神」でよいのであるが、これではイエスの死の事実からあらゆる真剣さが奪われ、単なるおとぎ話か神話となってしまう。だから父、子、聖霊は、唯一のまことの神の三つの在り方（Seinsweise）[41] なのである、とバルトは言う。

そして、それは「三神論」ばかりでなく「単一神論」に陥ることをも強く警戒する。その場合に最も陥りやすい考え方は、キリストは完徳を備えた最高の被造物であり、われわれの模範ではあるが、神ではない、とするアレイオス主義である。もう一つの単神論的な過ちは、イエス・キリストの神性は厳格に主張するが、同じ一人の神が十字架に掛かって死んでまた甦ったとするサベリウス主義（または勢力説、様態説、父神受苦説）である。この考え方は旧約の時代を「父の時代」、キリストの時代を「子の時代」、復活後の時代を「聖霊の時代」と呼んで、同じ一人の神がすべての時代を支配する神であると考える。サベリウス主義はキリストの神性を極めて強く主張したので、正統派の発展にも強い刺激を与えた。しかしそのようなことは聖書のどこにも書いていない上、キリ

41　伝統的には「人格」とか「位格」とか「ペルソナ」と呼ばれ、人間が人格を持っていることとの類比で考えられてきたが、バルトは余計な擬人論的なイメージが入り込まない「存在様式」〔Seinsweise〕という言葉の方が良いとしている。

ストの《人性》がたちまち危うくなる。例えば、彼がゲツセマネの園で弱さの極みの中で苦しみ悶えて祈ったことや（マコ14・33–36)、われわれの弱さを御存じであること（ヘブ4・15）などの証言がないがしろにされ、非常に薄っぺらなキリスト教となってしまう。すべてが再びおとぎ話か神話になるか、あるいは、ヘーゲル主義のような汎神論的な思弁に陥ってしまう。

経綸的三一論から内在的三一論へ

さて、ここまでは一応、伝統的な教義学では「経綸的三位一体論」と呼ばれる。「経綸」とは直訳すれば神の「世界経営（支配）」という意味である。つまり、「父なる神」がこの世界を創造・支配・摂理し、「子なる神」が人間の罪を贖い、「聖霊なる神」が「神の国」の完成へと導くという、神の「外への御業」(opus Dei *ad extra*) に関する三位一体論のことである。神については、ここでは、御自身の外部、すなわち被造世界とその歴史という、時間・空間における働きについてしか考えられていない。まさに職掌分担についてである。

しかし、三位一体論はこれだけでは完全ではない。この「経綸的三位一体論」を真剣に受け取るなら、当然、「父」と「子」と「聖霊」という神の三つの存在の在り方とその区別は、神御自身にとって非常に本質的なもの、内的なものであるから、神は御自身（の内側）においても、つまり、永遠の世界においても、「父・子・聖霊」なる神、三位一体なる神であられることになる。これを「内在的三位一体」と呼ぶ。「経綸的三位一体」だけで、「内在的三位一体」がないとしたら、それは本当に三位一体なのかどうかが極めて怪しい。それゆえ、神の本質存在の中にこの三つの在り方があることになり、この三者は各々どのような特性を持ち、互いにどのように関係しあっているのかという「内在的三位一体論」にまで遡及しなければならないわけである。

しかし、なぜそのようなことまで考えなければならないのか、それは抽象的な思弁ではないか、「神は愛である」と言えばそれで良いのではないか、という懸念が当然生ずる。確かに奇妙な「神学主義」に陥ることはわれわれも避けなければならない。

しかし、バルトがなぜ「経綸的三位一体論」から更に「内在的三位一体論」にまで遡及すべきであると考えるのか、その理由を知る時に、われわれはバルト神学の極意のような部分に触れることになる。そこにぜひとも注目していただきたい。われわれはかつて、神について考える時に、われわれがそうするよりも《先に》、《既に》、「生けるまことの神」御自身が先行的に存在していることを、人間に対する神の「存在論的先行性」と名付けておいた（本書50頁以下参照）。そして、バルト神学を理解する時には、この発想法に注目することが大切であると述べておいた。ここがまさしくその場所の一つである（もう一つは、予定論のところである。本書93頁以下参照）。

通俗的に言えば、神が御自身において三位一体であることは、「神は独りぼっちではなく、完全な交わりの中にある」ということである。神が御自身において（被造物なしにも）《既に》交わりを持ち、御自身の中に御自身との関係性を持ち、「世界が造られる前に」（ヨハ17・5）《既に》愛であられた、ということである。したがって、神は被造物などはじめから創造せず、その罪を贖うためにわざわざ御子が苦しみ、命を捨てるような冒険など全くしないことも、十分に考えられ得る。われわれは、人間が神を捜し求めて、ようやく神が存在するようになったと考えがちであるが、それはとんでもない誤解なのである。神は初めから存在しておられ、被造物なしにも「神は神」であり、御自身で充足し、至福を享受しておられた。そうであられたにもかかわらず、神は至高の《自由》（Freiheit）において天地万物と人間を造り、その罪を御自分の命をかけて贖い、どこまでも反抗してやまない人間を救いと完成へと導いてくださる御決断をなさった。だから、神は完全に《自由》であり、完全な《愛》（Liebe）なのである。この「命がけの、完全な愛」（バルトの好んだ言葉で言えば、「献愛」、Hingabe）は、神の「内在的三位一体性」があり、そこにおいて既に神は愛であり、決して孤独ではないから、初めて可能となると考えられるのである。

理屈で考えれば明らかに、およそ何かと関わりを持つ者は、相手がどんなに塵・芥（あくた）のような存在であっても、真実に関わりを持つ限りは、関わる相手なしには彼も不完全であることになる。つまり、神が被造物を真実に愛するのであるなら、その限り、「被造物は神なしには存在し得ない」ことが真実であるように、「神もまた被造物なしには存在し得ない」ことになる。もし神が内在的三一体性という御本質をお持ちでなく、その意味で「寂しい神」であったとしたら、神は被造物なしには神であることができない神、人間の存在や意志にほんのわずかでも依存している神、したがって、どこかで人間の思い通りにされる神となってしまう。バルトが「神は神である」というのは、神はそのような「寂しい神」ではない、ということなのである。

このバルトの考え方は、二つの大きな役割を果たしている。第1に、「自然神学」を徹底的に排する防壁となっている（次項「自然神学の排除」参照）。

第2に、神の愛が「完全な自由」における「完全な愛」であるということは、逆に言えば、その愛を受ける人間の完全な「自由」を保証しているということである。人間は神の愛の「真実」（Treue）に対して、自分自身も「応答真実」（Gegentreue）において神を信じ、真剣に、命がけで愛そうと努めるであろう。その場合、彼はそうするようにと神から求められてはいても、何一つ強要はされていない。神は人間にもたれかかることはなさらない。だから、神への人間の信頼と愛は、どこからの強制も受けず、《彼の》心の最も奥底から湧き出た《彼の》信頼、《彼の》愛であることができ、彼は《彼自身》であることができる。つまり、自己同一性（self-identity）を失わない。言い換えるならば、神が完全に自由であり、御自身である時、初めて、人間も完全に自由であり、自分自身であることができる。バルトは、これが本当の意味での人間の《自由》であると考えている（人間が何でもできるという「恣意的自由」は、本当の自由ではない）。なぜなら、実際神は人間を愛することにおいてまったく自由で縛られていないのであるから、何年でも人間からの応答を忍耐して待つことがおできになる。神は「憐れみ深く恵みに富む神、忍耐強く、慈しみとまことに満ち」ていると証しされているのである（出 34・6）。

それゆえバルトは言う。「神がそのようなお方としてわれわれの御父であられるのは、神が御自身で《既に》御子の父なる神であるからである」（KDI/1, S.404, Leitsatz［『神の言葉』I/2, 167 頁］）と。また、「神がそのようなお方としてわれわれのところに来られた御子であり、または、われわれに語られた神の御言葉であるのは、神が御自身で《既に》御父の御子であり、または、御父から語られた御言葉であるからである」（aaO, S.419, Leitsatz［同 195 頁］）と。また、「神がそのようなお方として聖霊であられ、その受容によって我々が神の子たちとされるのは、神が御自身で《既に》父なる神と子なる神との愛の御霊であるからである」（aaO, S.470, Leitsatz［同 289 頁］）と[42]。

つまり、神は御自身を知り、かつ愛しておられ、御自身の中に真の《交わり》を持ち、永遠の《命》を生きておられることになる。そういうことが《既に》あるからこそ、神は御自身をキリストにおいてわれわれに知らしめ、与え、われわれを「神の子たち」として御自身の「永遠の命」に与らせることがおできになることになる。聖書には、人類の究極の救いとは、「父よ、あなたがわたしの内におられ、わたしがあなたの内にいるように、すべての人を一つにしてください。……わたしが彼らの内におり、あなたがわたしの内におられるのは、彼らが完全に一つになるためです」（ヨハ 17・21, 23）の聖句が成就し、かくして三位一体の神に永遠の栄光が帰せられることである、と書かれている。だとすれば、その絶対の・究極的な根拠は、神が御自身において、《既に》内的にも三位一体であられるということの中にあるのである。

バルトはそこから、三位一体論の伝統に従い、「父」と「子」と「御霊」それぞれの固有性と相互の関係を考察し、また、三者が互いに深く交わって一つであるという「相互内住」（circumincessio）の教説を追思考し、更にまた、「父」、「子」、「御霊」にそれぞれ「創造」、「和解」、「完成」というように、働きを各々の特性に帰属せしめる「属性帰属」

42　ただし、バルトはこれらの命題において《既に》という言葉を使わず、「前もって」（im voraus）という言葉を使っている。

(appropriatio) の教説の正当性を承認している。これらについての説明は割愛したい。

自然神学の排除

以上でバルトの三位一体論のほぼ全容を紹介したことになる。最後にわれわれが十分に注意したいことは、バルトはこの三位一体論によって、あらゆる自然神学的発想法をあらかじめ完全に封印し、不可能とする役割を果たさせていることである。それは彼が三位一体論を教義学の実質的な部分の冒頭に置いて、すべての神学的認識の認識論的な浄化作用を果たさせていることによる。例えば、現代の代表的な神学者ロバート・W. ジェンソンはバルトの三位一体論について、その貢献は「期待されるかもしれないほど大きなものではない」[43]と言っているが、彼はその点を完全に見落としている。

バルト以前で三位一体論についてバルトに匹敵する詳細な議論をした人としては、アウグスティヌスとトマスの二人が挙げられる。アウグスティヌスの『三位一体論』[44]は、特に神学そのものを確立したものと言ってもよいほど、後代に大きな影響を及ぼした実に驚くべき作品である。彼はこの書で「ニカイア―コンスタンティノーポリス信条」にのっとって三位一体論の原型を確立している。しかし、アウグスティヌスの場合、神の内在的三一性を何とかして「理解」へともたらそうとして、三位一体なる神の「父、子、聖霊」の「痕跡」(vestigium) を人間の「精神」の中に求め、その「記憶、理解、愛」の三つの機能の中にその対応するものを見出し、そこから三位一体を類比論的に理解しようとしている。このような議論の全体をバルトは「自然神学的」と言って退けたことになる (KD I/1, S.352ff.［『神の言葉』I/2, 76 頁以下］)。

トマスの場合には、その『神学大全』で、これまでに神学史の中で積

43　R. W. Jenson, *Christian Dogmatics*, Vol. 1. Philaderphia: Fortress Press, 1984, p. 154.

44　Augustinus, De Trinitate, Libri XV.［『アウグスティヌス著作集 28 三位一体』泉治典訳、教文館、2004 年］

み重ねられてきた三位一体論を整理して、ほぼ完ぺきなものに仕上げているので[45]、これもまた見事と言うより他にない。しかし、そもそもトマスの神学の全体は神の存在を自然神学的に証明すること[46]から始まっており、三位一体論はその続きでしかないので、自然神学への防波堤ではまったくない。結局は、恩寵論や贖罪論の中にカトリック主義的な「功績主義」や「半ペラギウス主義」が入り込むことを防ぐことが全くできなかったと言えよう。

三位一体論を冒頭に置かないことによって、自然神学的思惟への防波堤が失われてしまうことの好例として、われわれは現代の神学者 E. ブルンナーの三位一体をめぐる議論を取り上げることができる。

ブルンナーはバルトの三位一体論を熟読した上で（その出版 14 年後に）自分の三位一体論を構築している。だからバルトの三位一体論の良いところは全部取り入れている。しかし彼は、バルトが三位一体論を『教会教義学』の「序説」としてその冒頭に置いていることを厳しく論難している。ブルンナーは三位一体論[47]よりも前に聖書の証言に基づき、神は「主」であり、「聖」にして「愛」なるお方である、という三つの章（第 13 ～ 15 章）を置き、それからようやく神の三一性を（第 16 章で）論じている。

そしてバルトをこう批判している。すなわち、バルトの立場では「序説」はあくまでも「認識論」であり、福音の「内容」に対していわばその「形式」であるから、そこで福音の「内容」まで一緒に語ってはいけないのに、バルトはそうしている、と[48]。ブルンナーが言っているのは、バルトが「序説」の中で、すでに「恵みの選び」（KD II/2）が帰結されるような語り方をしているが、「恵みの選び」は福音の「内容」に関わる事柄であるから「序説」ではそのような方向づけがあってはならない、ということのようである。実際はどうかと言えば、バルトの三位一体論が特に「恵みの選び」への方向付けをしているとは、誰も考えないであ

45　Thomas, ST I, QQ27-43.
46　Ibid, Q2, a3.
47　E. ブルンナー『ブルンナー著作集 2』熊沢義宣・芳賀力共訳、教文館、1997 年、257-293 頁。
48　同 294 頁以下。

ろう。ただ、そのような帰結も可能とされているだけである。

問題になるのは、その際のブルンナーの次の発言である。彼によれば、聖書では「キリストにおいて啓示された神」とは別に、人間の目には全く「隠された神」がおられ、その神は罪びとに対して容赦なく「怒り」、彼らを「滅ぼす」神である、とされる。ちなみに、このブルンナーの主張は、宗教改革者のルターに由来するものである。ブルンナーもルター同様、「イエス・キリストにおいて御自身を啓示された神」を「啓示された神」（Deus revelatus）と呼び、神はキリストにおいて「救い、光、命」である[49]、と言う。しかし、イエス・キリストが神の《全体》を啓示したわけではない、とブルンナーははっきりと言う。「キリストにおいて啓示された神」以外に、「隠れたる神」（Deus absconditus、イザ45・15参照）、「裸の神」（Deus nudus）がおられ、この神は罪人に対して容赦なく怒り、「滅び、闇、死」を与える権能を持ち、実際にそれを行使する[50]、という。それだから、神はキリストを信ずる信仰者に対しては愛と恵みの神であり、信仰者はキリストの完全な保護と救いの領域に移し入れられるが、その領域の外に、「まったく御子の業ではない父の業が存在する」[51]領域があり、そこでは神はただ「怒りの神」であり、神に背く人間を「焼き尽くす火」である、と主張するのである。確かに、伝統的なキリスト教理解の中にはそれと同じような、「信ずる者は救われるが、信じない者は終わりの日に滅ぼされる」という理解がある。「それ故神の二重の領域が存在する。イエス・キリストにおいて御自身を救い、光、命としているように神がいたもう領域が存在する。そしてまた、イエス・キリストにおいて神が御自身を啓示しているようにではなく、すなわち滅ぼし、壊滅する、闇の中で働く怒りの炎として、神がいたもう領域が存在する」[52]と言っている。

このように考える結果、ブルンナーは結局、聖書の証言に忠実に従うとカルヴァン的な「二重予定説」が正しく、バルトの「恵みの選び」説

49　『ブルンナー著作集2』287頁。
50　同289頁。
51　同291頁。
52　同287頁。

は最初から誤りに陥っている、と結論するのである。

これはいずれが正しいのであろうか。

われわれはブルンナーの中に、自然神学的思考が入り込んでいないかを疑う必要がある。彼は最初に純粋に聖書の証言の批判的方法に基づき――と彼は言う――、神の二重の領域が存在する、という結論を引き出しているが、その「純粋に聖書の証言の批判的方法に基づき」という素朴な考え方の中に、人間が生まれながら持っている神観念を神の中に投入してしまう自然神学的な思考が潜り込んでいる危険性はないであろうか。思うに、「善人を救い、悪人を滅ぼす神」や「勧善懲悪思想」は神や義について人間が最も抱きやすい自然的な観念であり、誤りであるかもしれないと疑ってみる必要がある。むしろバルトのように、最初にきちんと「認識論」を設け、地道ではあっても、「神は御自身を主として啓示した」という基本的な命題の分析から出発し、注意深く一切の自然神学的思考を排して論ずる方が安全である、と思われるのである。

一般に、キリストの啓示以外に「隠れたる神」がある、というルターの考え方は問題があるとされている。ルター自身、この考え方を晩年はそれほど重視しなくなっている。それを支持する聖句はイザ45・15しかないが、この聖句自身は裁きの神についてではなく、救いの神について語っているのである。その上、「わたしを見た者は、父を見た」(ヨハ14・9) というイエスの言葉を始めとして、多くの聖句がルターの主張に反対している。われわれはむしろ、ブルンナー自身が、聖書を忠実に解釈すれば三位一体論などという仰々しい「認識原理」がなくても神を正しく認識できるという「自信過剰」のあまり、その前の段階で(前掲書第13～15章の段階で) 自然神学的思弁に道を開いてしまったのではないかと疑いたい。「聖書に忠実である」と言っても、必ずしも自然神学的思考から完全に自由であることの保証にはならないのである(そうでないと、ファンダメンタリズムが正しいことになってしまう)。

実際、カルヴァン的な「二重予定説」が正しいのか、それともバルト的な「恵みの選び」の教説の方が正しいのかは、バルト神学を学ぶ者が必ずどこかでぶつかる大きな問題である。であるから、ここで少しだけ横道にそれることになるが、必要なことを論じておきたい。それは、福音と律法の問題である[53]。

バルトに言わせれば、確かに「聖書」とは「神の言葉」の第2の、「記された神の言葉」という形態であり、その証言性は尊重されなければならない。だが、聖書の証言の解釈・判断の基準は「神の言葉そのもの」であり、その第1の形態であるイエス・キリストである（本書55頁以下参照）。そして、イエス・キリストを基準として考えると、聖書が証しする神の言葉は「福音」と「律法」の二つの語り方にきちんと区別され、「福音」が「律法」に優先する。「福音」は「あなたは救われた」「だからあなたは……することが許されている」と語り、「律法」は「あなたは……すべきである」（でなければあなたは滅びる）と語る。「福音」と「律法」では、「福音」が《先に》語られ、「律法」は、福音を聞いて救われた者に対して《後で》語られる。それは救われた者がどのように生きるべきかを語る神の戒めだからである。例えばモーセの十戒（律法）は、「わたしは主、あなたの神、あなたをエジプトの国、奴隷の家から導き出した神である」（出20・2）という救いの言葉（福音）が最初にあり、その次に、それを聞いて神のものとされた民に対して語られている。それゆえ、「福音から律法へ」（福音⇨律法）でなければならない。なぜなら、「福音」を聴いて救いに入れられた者が、感謝と神への愛の中で「律法」を守ることが救いの構造・順序だからである。そのような順序で「律法」を考えると、律法の《勧告的・警告的用法》——一般にカルヴァンの系統を引く改革派[54]では、「律法の第三用法」と呼ばれる——なるものが浮かび上がる。すなわち神の「律法」は必ずしも人間を苦しめ、罪に定め、滅びに至らせるために存在するのではなく、むしろ、正しい

53　ここに潜む神学的問題を詳細に論じたものが、バルトの「福音と律法」という論文である（Evangelium und Gesetz, 巻末文献表36参照）。

54　ドイツではプロテスタント教会はルターの系統を引くルター派と、カルヴァンの系統を引く改革派の二つに分けられるが、日本では、改革派の信仰を受け継いでいる教会で直接改革派の名称を名乗っているのは「日本キリスト改革派教会」だけである。多くは長老派を名乗っている。改革派の信仰は教会政治としては長老政治を行うからである。しかしその他にも改革派の信仰を受け継いでいる教会は多い。日本の組合派教会の信仰はおおむね改革派的である。

道へと悔い改めさせ、永遠の命に至らせるために存在するのである。人を命と善を選ぶ正しい決断へと促し、悪と死に対して警告する《勧告》がその役割である。それだから、その語り方は決して中立的な、「あなたは信じて神に従えば救われ、信ぜず従わなければ滅びる」と冷たく二者択一を迫っているのではない。むしろ、「あなたは命を選び、あなたもあなたの子孫も命を得るように（選びなさい）」（申 30・19）、と語っている。主もまた、「信じない者ではなく、信じる者になりなさい」（ヨハ 20・27）と語っている。これが聖書の語り方である。

だから、御自身を顕す神（キリスト）の背後に、人間を滅ぼす怒りの神、「隠れたる神」がいるという、若い頃のルターの考え方は誤りとされなければならない。

宗教改革者のルターにとって、「律法」の役割とは、われわれ人間を「キリストのもとへ導く養育係」（ガラ 3・24）であった。だから、基本的に言って、ルターの考え方を受け継ぐルター派の考え方は、「律法から福音へ（律法⇨福音）」である。すなわち、ルターの考えでは、人間は生きていてさまざまな律法によってがんじがらめに縛られ、苦しめられ、「隠れたる神」に裁かれて地獄に行くより他になかった存在であったが、「啓示された神」であるキリストの御ふところに逃れ、「罪の赦し」という福音の喜びに与る、と捉えられていた。1525 年までのルターにとっては、この図式の中で、キリストの許に逃れて信ずる者は救われ、そうしない者は滅びるという二重予定説が当然の真理であった。この、ルターにおいて素朴に（それこそ自然神学的に）信じられていた二重予定説がカルヴァンに影響を与えて、カルヴァンの厳格な二重予定説が生まれたというのが教理史上の常識である。しかし 1525 年以降、ルターは二重予定説を放棄し、どちらかと言うとバルト的な「恵みの選び」に近い考え方となっている。ルターは最後まで「隠れたる神」の考え方を棄てはしなかったが、晩年の彼にとって、「隠れたる神」がいますということは、救われた者が己に満足し、高ぶって神への正しい畏れを失うことがないためという意味を持つに過ぎなくなっていた。

以上のように考えてくると、バルトの三位一体論は——特にそれを教義学の冒頭に置く位置づけは――、キリストの復活のみが《啓示》であることを教え、「隠れたる神」に関する自然神学的な思弁を排除していることが分かる。だから、聖書の文言の釈義においても、「福音から律法へ」という一方的な順序が確立される。バルトの三位一体論は、決して「期待されるかもしれないほど大きなものではない」(ジェンソン)とは言えないのである。むしろ、決定的な意味で、神学が「喜ばしい学問」となることを可能としているのである。

神は「自由において愛するお方」である

以上でバルトの三位一体論の紹介は終えて、次に『教会教義学』の第2巻の主題である、「神とはどのようなお方か」の方に移りたい。

一言で言うと、バルトによれば、神の御本質とは、「自由において愛するお方」(der in der Freiheit Liebende)である。そしてその神の前で、人間とは「神を愛し、畏れるべき存在」である。思うにこの「神論」の部分は、バルトを批判する人たちにも広く受け入れられていて、批判はほとんど聞かない。また、その神は人間の創造者であり、歴史の主宰者であり、かつ救済者、そして終わりの日の完成者であられる。しかも神は、一人ひとりの人間と深くかかわり、親しく語りかけておられる。神はこの《肉》なる世界に弾孔を開けて到来し、一人ひとりの心の扉を叩いて応答を待っておられる。共に食卓の交わりをなさるためである(黙3・20)。だから神は、大きな行きづまりと混迷のさ中にある現代の人間がどのような方向へ歩むべきかについて、実に豊かな、またわれわれ現代人が耳を傾け、信頼して従うに足る御言葉をお語りになるのである。

まず、神の御本質が「自由において愛するお方」であるということは、ほぼこれまでの説明で十分であろう。神はキリストにおいて人となり、人間を愛してくださった。この受肉の出来事において、神は人間に御自身を人間の認識の対象(Gegenstand)としてお与えになった(KD II/1, S.53f.[『神論』I/1, 90頁以下])。われわれはこの神・人イエス・キリストの行為、言葉、そして十字架の死への歩みの全体を認識することができる。すなわち、その「献愛」（Hingabe）そのものを――もちろん、聖霊の注ぎによって、信仰によってであるが――認識し、神との交わりに入れられる。

ただし、バルトは注意する。われわれがそのようにして神を知るのは、あくまでも神そのものを、《それ自体》として知るのではなく、神の「言葉」を通して、すなわち、神・人イエス・キリストという啓示の形（Gestalt）においてである。すなわち、神にとっては異物であるその被造物という「しるしを与えること」（Zeichengebung）を通して、その意味において、「サクラメント」（aaO, S.56ff.［同 95 頁以下］）を通して知ることである（KD I/2, S.248ff.［『神の言葉』II/2, 48 頁以下］）と。それゆえバルトは、イエス・キリスト、したがって、神の「啓示」（Offenbarung）はそれ自体が同時に神の「隠蔽」（Verborgenheit）でもあることを強調する。そして、それだからこそ、人間には信仰が必要である、と言う。

ここでバルトは、ルターやブルンナーとは違った意味で、「隠れたる神」を主張していることになる。キリストにおける「啓示」が即ち、不信仰に対しては「隠蔽」だ、と言っているからである。われわれは、キリストを信じたからといって、神が分かったと思い上がってはならない。「神は、祝福に満ちた唯一の主権者、王の王、主の主、唯一の不死の存在、近寄り難い光の中に住まわれる方、だれ一人見たことがなく、見ることのできない方です」（1 テモ 6・15–16）とある通りである。このようにして、バルトは神学が神智学に陥ったり、人間が自分は神を知っていると己を誇り、もはや神を畏れず、滅びに至ることがあったりしてはならない、と考える。

では、神とはどのようなお方なのか。バルトが「神論」の部分で最も言いたい事柄とは、「神はいます」（Gott ist）ということ、あるいは、「神は生き給う」（Gott lebt）ということ、また、「イエスは勝利者だ！」という、彼がブルームハルトから受け継いで大切にしてきた神認識である。正確に言えば、ただ神のみが、真の意味で「存在する」とか「生きておられる」と言うべきである。神は「自由において愛するお方」として御自身を啓示された。その神の「愛」も、「自由」も、いずれも完全である、とバルトは考える。そしてバルトは、神の「愛」の諸完全性を言い表す言葉として、「恵み」（Gnade）と「聖」（Heiligkeit）、「憐れみ」（Barmherzigkeit）と「義」（Gerechtigkeit）、「忍耐」（Geduld）と「知恵」（Weisheit）の6つの属性を挙げ（KD II/1, §30）、また、神の「自由」の諸完全性を表す言葉として、「一性」（Einheit）と「全現臨」（Allgegenwart）、「不変性」（Beständigkeit）と「全能」（Allmacht）、「永遠」（Ewigkeit）と「栄光」（Herrlichkeit）を挙げている（aaO, §31）。これらは皆、聖書で神の「属性」として繰り返し語られているので、説明は必要がないであろう（例えば、出34・6–7や、詩編の多くの神讃美の詞など）。

神の御前で、人間の実存とはどのようなものか

それでは、そのような神の御前で、御自身を啓示・認識せしめられた人間は、どのような存在なのであろうか。人間は、自分がどこから生まれ、どこへ行くかを知らない。その人間に対して、神は御自身が彼の《主》であり、創造者であり、和解者であり、完成者であられると啓示された。そのようなものとして、彼にとってはどのような《実存》のあり方が本来的なのであろうか。

この点に関するバルトの説明は、たった一言で要約し得る。すなわち、「われわれ人間は神をすべてにまさって畏れなければならない、なぜなら彼をすべてにまさって愛することが許されているからである」（“……den wir über Alles fürchten müssen, weil wir ihn über Alles lieben dürfen”, KD II/1, S.1, Leitsatz［『神論』I/1, 3頁］）となる。

少し説明をすると、神は人間を愛し、その罪にもかかわらず彼に対して「献愛」を注ぐ神であられることが啓示された。そのようにして、人間は「死から救われ、彼自身であること――その自己同一性（self-identity）――が保証され、あらゆる敵から守られ、ついにはその被造の目的である、神との永遠の交わり（永遠の命）へと入れられる」、と語りかけられている。更に神は彼に、他のすべての被造物以上に神を愛することを許し給う。それはもちろん、アンドレ・ジッドの『狭き門』のように、無理矢理被造物を捨ててただ神のみを愛さなければならない（lieben *müssen*）

ということではない。神を愛し、神に感謝する中で他の被造物との出会いを喜び、感謝し、愛することがむしろ求められている。そのすべての意味において、神を愛し、神との交わりに入れられるには全くふさわしくない人間が、御国に入れられる、ということである。人間の分を超えたことである。それだから、人間はどんな時でもこの招きを尊いものとし、神を侮ることをしてはならない。「思い違いをしてはいけません。神は、人から侮られることはありません」（ガラ6・7）とある通りである。人間は実際、神認識を自分のポケットの中に持つように所有しているわけではない。もし神が御霊を取り去るなら、人間は一瞬にして神が分からず、信じられなくなってしまう。信仰を持てないなら、人間はこの世ですべてのものを恐れなければならなくなる。それだから、「神をすべてのものにまさって畏れなければならない」（Gott über Alles fürchten müssen）のである。そうすれば、一切の恐れからも、死の恐れからさえも解放される。なお、キリスト者が神を「恐れる」恐れは、「畏敬の念を抱く」の「畏れ」の字がよい。

5章 恵みの選びについて

以上でわれわれは、バルト神学のいわば土台となる部分に関する必要な知識をすべて獲得したことになるので、これからいよいよ彼が「福音」をどのように理解したかという本書の主要部分の叙述に入りたい。

最初に取り上げたいのは、「恵みの選び」の教説の部分（KD II/2）である。バルトはこの「恵みの選び」の教説を「神論」に続けている。というよりも、その構成部分として取り扱っている。順序として、神論の中に入れるのがふさわしい、と考えたからである。

この部分は、バルト神学の中でも特に――彼はこのような言葉をあまり好まないであろうが――「天才的」と評され、結果から見ても、彼の思索の独自性がいかんなく発揮されている部分である。読む人にとっては、福音が人間にとって真に深い喜びと感謝であることが最もよく得心される。バルト神学を知る上でも初めのうちにその概要を正しく知っておくことが適切であると思われる。

もっとも、「独自性」と言っても、彼自身はあくまでも先人たちの考えたことを初めから自分自身でも「追思考」してみたに過ぎない。ただ、この部分に関しては、一切の自然神学的思考を排して「追思考」した結果、その対象たる「神の選び」という事柄が持つ本質のゆえに、これまでの教義学的な伝統を大きく逸脱してでも、神論の一部とするのが適切であると考えたに過ぎない。確かに、すでに何度か言ったように、その際にもバルトの思考の「導きの星」となったものは、ブルームハルトから受けた今も「生きて働く神」の「福音」の「福音らしさ」の観念や「イエスは勝利者だ！」という信仰であったことは推測できる。しかし、それが「先入見」のように働いて彼の認識をゆがめた痕跡は見当たらない。バルトが常に伝統に配慮し、たくさんのテキストを丁寧に読みこなし、公同教会の信仰の在り方を求めていることは全く確かなことである。

ただし、伝統から一見、あまりにも大きくそれているだけに、その正当性や真理性に疑いを抱く神学者も決して少なくない。特に、「ルター派」とか「カルヴァン派」とか「福音派」、あるいは、「ローマ・カトリック主義」といった、自派の伝統を重んずる神学者にその傾向が著しい。これはやむを得ないことであるのかもしれない。

神のもう一つの《既に》

さて、バルトの「予定論」の特異さを考える時、ここでも働いているものが、「人間に対する神の『存在論的先行性』」というバルト特有の、他のどの神学者にもこれほど顕著には見られない考え方である。

われわれはバルトが「経綸的三位一体論」から「内在的三位一体論」への遡及の必要性を考えた時に、一度このことについて言及しておいた（本書81頁参照）。すなわち、われわれが神について考えるよりも《前に》、《既に》、「生けるまことの神」の恵みや啓示の働きが先行的に存在しているという考え方である。これは、人間の宗教的欲求や自然的宗教観がいつのまにか神の存在や本質を規定し、「自然宗教」が入り込むことによって、人間の願望や意志にほんのわずかでも左右されるような神、したがって、どこかで人間のわがまま通りの神が構想されてはならない、というバルトの強い警戒心から出たものである。

「予定論」ではこの彼独得の発想法が以下のように働いている。すなわち、「和解論」で詳述されるべき「福音」の中心――それは、「神、我らと共にいます」（インマヌエル、マタ1・23参照）と言い表され得る（KD IV/1, S.1［『和解論』I/1, 3頁］）――は、人間に対する神の無条件の愛に他ならない。それは御子が御父との一致において、御自分の命を全人類の罪の贖いのために捧げて死ぬ「献愛」（Hingabe）という、《まことの愛》である。そのような《まことの愛》は、神にとって決してどうでもよいものでも、偶然に思い付いたものでも、恣意的なものでもない。また、何か外的な要因によって強要または誘発されて、やむを得ず決意されたものであるはずもない。例えば、神は人間がまさか罪を犯すとは思ってもみなかったのに現に犯されてしまった「罪」という「偶発的事件」の対処のために、仕方なく十字架を引き受けた、ということであろうはずはない。それでは神の愛は「自由なる愛」とは言えないし、神の思慮深さが疑われる。自由意志を賦与された者が罪を犯すことぐらい、叡智によって天地を無から創られたお方は先刻御承知のはずである。

神の御本質は「自由において愛されるお方」なのであるから、神はその愛において完全に自由な「主体」（Subjekt）である（KD II/2, S.3［『神論』II/1, 6頁］）。その行為はあらゆる観点から見て「絶対主権的行為」（Souveränitätsakt）である（aaO, S.8［同14頁］）。別の言い方をすれば、それは神が、ただ絶対主権者としての神のみが行使し得る憐れみと義、不変性と全能において、真剣に人類の救いと御国の完成のために御自身の命をお与えになると言われることなのだから、神は天地万物や人類の創造に先んじて、《既に》永遠の昔から、たといどのようなリスクや困難があり、いかなる犠牲が求められようとも御業を完遂なさるという至高にして強烈無比の御意志と王的な決断――すなわち、「原－決断」

（Urentscheidung）——をなさったのでなければならない（KD II/2, S.53［『神論』II/1, 89頁］）。この「原－決断」とは、もはや撤回できないような仕方で神が人間との強固で不動な「原－関係」（Urbeziehung）を御自分の中に措定するという、根源的な決断のことである（aaO, S.55［同92頁］）。このような根源的な「原－決断」において、真実にして至誠なる神は、「御自身を（人間との）関係の中に措定する」（Sich-in-Beziehung-Setzen）決断をなさったのである[55]。

この神の永遠の「原－決断」は、たとい地は変わり、山は海の最中に移るとも動くことも変わることもない。被造物であるわれわれ人間の永遠の「浄福」（Seligkeit, vgl. aaO, S.30［同50頁参照］）と「平安」（シャーローム）は、その中に不動の根拠がある。そしてバルトは、この「永遠の選び」が、神の外への御業（opus Dei ad extra）——すなわち、創造、和解、完成の御業——における「すべての道行きと御業の初め」（aaO, S.1, Leitsatz［同3頁］）に存在していたと言う。したがって、バルトはいわゆる「堕落前予定説」をある程度支持する。

神の自己規定としての永遠の選び

以上のことから明らかなように、それは単に、神がすべての人間に関して、その存在を「神と共に生きる人間」としてあらかじめ規定する（praedestinare）ということではない。むしろその前に、神は御自身の存在に関して、「人間と共にある神」、「インマヌエルの神」（マタ1・23参照）として自己規定（Selbstbestimmung）をなさったことを意味する。

われわれは前節まででは、「三位一体」における神の「内的な御業」のことばかりを考えてきた。そこでは、「人間なしの神」も十分に考えられ得た。しかし、いざイエス・キリストを中心に具体的にこの「永遠の選び」の決定（decretum）がなされたことを考慮に入れると、もはや

55　バルトの弟子であり、バルトの非常に優れた研究書 Gottes Sein ist im Werden［『神の存在』］（巻末文献表47参照）を著したE. ユンゲルもこの書の中で、「神の原決断の中でのこのような神の先行的到来（Zuvor-Kommen）」について語っている（aaO, S.14［同36頁］）。

「人間なしの神」は考えることができなくなったわけである。

バルトはこの永遠における神の自己規定としての選びの行為を非常に重視し、このことと、それに基づいてなさる創造、和解、完成などの神の外への御業とを明確に区別するために、あえて古プロテスタント教義学の概念規定を用いる。すなわち、後者（創造、和解、完成）が「神の外への外的な御業」（opus Dei ad extra *externum*）であるとすると、永遠の選びはそれ以前の、「神の外への内的な御業」（opus Dei ad extra *internum*）である、と説明する。ただし、「永遠の選び」は、「三位一体」という、いわば御自身の命を生きる「神の内への内的な御業」（opus Dei *ad intra* internum）そのものとは区別される。選びは三位一体なる神の外に向かう御業であるゆえに[56]、「神の外への内的な御業」（opus Dei *ad extra* internum）と呼ぶべきである、という。七面倒くさい概念規定のようにも見えるが、神が人間を選ぶよりも先に、神らしい誠実な在り方として、まず御自分を選ばれたということを理解するならば、バルトの言う意味が了解されよう。「予定論」が「神論」の必要不可欠な構成部分として構想されなければならないと言われるのはこのためである。

伝統的予定論からの逸脱か？

言うまでもなく、これは一見、伝統的な予定論からの著しい逸脱のようにも見える。しかし、よく考えるならば必ずしもそうではない。むしろ、聖書の福音から考えると、キリスト教に最も固有の、最もふさわしい教えとさえ思われる。

まず、聖書には「選びの信仰」が旧約以来非常に根本的にある。アブラハムもモーセもどの偉大な預言者たちも、選びの思想を堅持していた。アメリカの旧約学者W. ブルッゲマンによれば、選びの「確信は、旧約聖書全体に広く普及した、旧約信仰の主たる前提である」[57]。神だけが

56　ラテン語の“ad extra”には、「外への」という文字通りの意味の他に、「例外として」という意味もあるようである。

57　W. ブルッゲマン『旧約聖書神学用語辞典』小友聡・左近豊共訳、日本キリスト教団出版局、2015年、67頁、項目「選び」参照、強調：引用者。

「選ぶ主」であり、イスラエルは「選びの民」である（出 19・5、申 7・6–8、32・9–10、イザ 44・1–2 等）。また、新約ではかなり見られる「命の書」という言い回し（黙 20・12 参照）や発想は旧約以来のものである（出 32・32、詩 69・29、イザ 4・3、ダニ 12・1 など）。つまり、天地創造以前の選びの思想はすでに旧約に固有のものとして存在していた。

新約でも、「永遠の選び」の思想は明確に受け継がれている。例えば、「あなたがたがわたしを選んだのではない。わたしがあなたがたを選んだ」（ヨハ 15・16）との主の御言葉は無数の反響を見いだすことができる。2 テモ 1・9 には「神がわたしたちを救い、聖なる招きによって呼び出してくださったのは……御自身の計画と恵みによるのです。この恵みは、永遠の昔にキリスト・イエスにおいてわたしたちのために与えられ……」と記されている。エフェ 1・4 にも、「天地創造の前に、神はわたしたちを愛して、御自分の前で聖なる者、汚れのない者にしようと、キリストにおいてお選びになりました」とあり、この手紙では、それは神が天地創造以前に、三位一体なる神の完全な合意と一致の中で、《既に》、御子の《十字架の血による贖い》を決意しておられたことを示唆している（エフェ 1・5–7 参照）。

ただし、新約では思想上のより詳細な考察が要求されるようになった。というのは、福音がイスラエルを超えて異邦人世界でも受け入れられるようになると、今や選ばれなかったはずの異邦人が選ばれ、選ばれたはずのイスラエルが福音を拒絶し、神の教会を迫害するという事態が次第に顕著になってきたからである。

それでも「神の選び」はあると言えるのか。異邦人の使徒パウロはこれに応えて、「肉によるイスラエルが真のイスラエルではない」ことを旧約のテキストによって論証しつつ、「選び」は「神の最高・最深の奥義」としてキリスト教信仰の無くてならぬ要素であることを強調している。それが、ロマ 9 ～ 11 章の議論である。そして最後に、その究めつくし得ない奥義のゆえに神を讃美している。このパウロの議論以来、神学では次の三つの原則が確立された。①神の選びは神の「奥義」として厳存する。人間はそれを究め尽くすことはできないので、最後には神に栄光を帰すべきである（ロマ11・33以下）。②それは、人間の業と思考に無条件に先んずる神の至高にして自由な御決断のみによる（同9・11–12）。③神はいかなる場合でも義であり給う（同14節）、の3原則である。簡単に言えば、人間の安易な自然神学的思考で「選び」を考えてはいけないのである。

このパウロの選びの思想を受け継ぐ中で、傑出した思索を展開したのはアウグスティヌスであろう[58]。そして、このパウロ―アウグスティヌスの伝統は中世を飛び超えて福音主義教会によって受け継がれることになる。

神学史から見ると、むしろ、中世ローマ・カトリック教会がパウロ―アウグスティヌス的な伝統を大きく逸脱していると見るのが正しい。例えばカトリック神学の完成者であるトマスは、勧善懲悪主義的な自然神学を取り入れて予定論を捨てた。というのも、今やキリスト教が国教となった中世ローマ・カトリック教会にとっての最大の教会的課題は、世界をキリスト教化し、キリスト者を《聖化》することであった。この「聖化」の課題をカトリック教会は聖霊と信仰という神学の王道によってではなく、むしろ、パウロ的な義認論に基づく聖化論を捨て、代わりに世の中で直ちに通用する（自然神学的な）勧善懲悪思想を取り入れることによって行った。それを担ったのがトマスの神学である。それゆえ、彼の『神学大全』は予定論についてもかなりの頁数を割いているが、上記の三つの原則のうち、②の「神の御意志による選び」はもはや放棄され、予定論は実質的には骨抜きにされてしまった。バルトはこの点を指摘し、キリスト教会の予定論が大きく損なわれ始めたのはトマスからであり、ボナベントゥーラやツウィングリがこれに従っている、と言っている（KD II/2, S.46ff.［『神論』II/1, 78頁以下］）。

それは、聖書やパウロ、そしてアウグスティヌスが神の御人格の中心を「意志」の中に見る「主意説」で考えていたのに対して、トマスはそれを「知性」の中に見る「主知説」で考えるという基本的な違いによっ

58　De praedestinatione sanctorum. Lib. XXI.［「聖徒の予定」金子晴勇訳、『アウグスティヌス著作集10』教文館、1985年］

ている。われわれプロテスタントは、福音の神髄が例えば「神は、その独り子をお与えになったほどに、世を愛された」（ヨハ3・16）の中に要約されていると考えるので、神は「愛」である（1ヨハ4・8参照）と考え、主意説を取る。「全知」であることは、コンピューターでもできるかもしれない。しかし、コンピューターは「意志」を持たないから、愛し得ない。しかし、トマスは「主知説」を取る。それゆえ神の予定を神の「全能」の中では考えず、「全知」の中で、具体的に言えば、その世界統治（摂理）の問題として扱っている[59]。つまり、「予定」とは神が「原一決断」（Urentscheidung）をなさったということではない。トマスにとって、神が「選び」という行為をなさることは（聖書に従い）一応認めるが、それは神が世界を統治・摂理なさることの中で、「善人は救われ、悪人は滅びる」という神がお決めになった大原則に基づき、「予知」（praescire）された人間の「自然」の成り行きをそのまま「摂理」なさるに過ぎないのではないか。だから、神には悪人が滅びるという自然な成り行きに対して、道義的責任は一切ないことになるわけである。かくして神は人類が生み出すすべての悪の責任を御自分で引き受けなくてもよいことになる。これは一種の自然主義であり、神には「にもかかわらず」（*dennoch*, vgl. KD II/2, S.30［『神論』II/1, 50頁］）という全能は否定されることになる。バルトが到底受け入れることのできない考え方である。

では、トマスの神は憐れみ深いお方ではないのか。また、トマスにおける「救い」とは何なのか。次のように答えられるであろう。トマスにおいては、神の憐れみとは、神が御子イエス・キリストを地上にお遣わしになり、十字架にかけ、悔い改めて福音を信ずる者には赦しという救いの「恩寵」を賜り、御国に招かれることである。そこにおいて、「恩寵は自然を破壊せず、かえってその衰微を補い、これを完成する」（Gratia non tollit naturam, sed sufficit eius deficientia et perficit illam）というトマス神学の大命題が実現・妥当する[60]。つまり、「神の恵み」というものは、神

59　Thomas, ST I, Q 23, a1, c.: “praedestinatio ……est quaedam pars providentiae.”（予定とは……摂理のある部分である）［『神学大全2』高田三郎訳、創文社、1963年、249頁、私訳］

60　文字通りの表現ではないが、随所に見られる。Cf. ST I, Q 1, 8, ad 2.

が人間本性の弱さを深く憐れみ、救いを求める敬虔な者にはその弱さを恵みによって補強し（または癒やし）、救われたいという願いを聞き入れてくださる。神が人間の弱さを顧みる御心の広さは、「不敬虔者の義認」（iustificatio *impii*、ロマ4・5参照）を容認するほどに大きい[61]。トマスが「不敬虔者の義認」というプロテスタント教会にとって試金石とも呼ぶべき重要な教理を認めた時、彼はプロテスタントに最も近づいていたと言える。しかし、彼の場合にはそれに「但し書き」が付いていた。すなわち、人間はせっかく神から提供されたその無限に尊い恵みを拒むこともできる[62]、と。すなわち、ここで選びは神が、愛されるにふさわしくない者を一方的に選び、御霊を注いで信仰を与えるということではなく、人間が神の愛を受けるか否かの取捨選択を「自由意志」（liberum arbitrium）において決めるという構造になっている。人間と神とは、いわば同じ立場に立っていて平等なのである。

それであるから、ここでトマスは聖書ともプロテスタント教会の信仰とも全く違う線を歩み始めたことになる。すなわち、神は御自身の助けを求める罪人にはどこまでも憐れみ深いが、それは人間の「拒否」を打ち破れない（全能ではない）し、打ち破らない（憐れみ深くない）。むしろ、従順な人間から信仰と服従を要求し、人間はキリストの恵み深い助力（成聖の恩寵、gratia gratum faciens）を得て自分の業による「功績」（meritum）を積み重ね、それによって救われる。ここにカトリック神学特有の功績主義という基本構造が成立するわけである。これはいわば、「半ペラギウス主義」[63]と言えよう。もちろん、プロテスタント的な「ただ信仰のみによる義認」とは完全に対立する。また、世の中に悪があり、罪人が滅びるのは神の責任ではなく人間の自己責任であることになり、神は批判を回避できる。

61　ST II-1, Q113, a 3, c.［『神学大全14』稲垣良典訳、創文社、1989年、173頁］

62　Ibid.: "Et ideo in eo qui habet usum liberi arbitrii, non fit motio a Deo ad iustitiam absque motu liberi arbitrii; sed……"［同173頁：「従って、自由意志を行使できる者の場合には、神が義へと動かされる運動は、自由意志の運動なしには起こらない……」（私訳）］

63　「ペラギウス主義」とは、人は自分の行いによって救われるとするペラギウス（360年頃～420年頃）の説。アウグスティヌスがパウロの立場から論駁した。

以上から明らかなように、「永遠の選び」の問題は、結局は、カトリック教会の場合、救いは「人の意志や努力ではなく、神の憐れみによる」（ロマ9・16）が抜け落ちてしまうから、「自由な選びによる神の計画が人の行いにはよらず、お召しになる方によって進められる」（同12節）ことではなくなり、「神の選び」そのものが骨抜きにされてしまったわけである。

この問題は、結局は、「人間は究極的には何によって救われるのか」という福音の最も根本的な問題にかかわってくる。バルトは少しも聖書から逸脱したわけではなく、むしろ、パウロ―アウグスティヌス的な聖書的恩寵論をどこまでも堅持し、伝統的な予定論を忠実に「追思考」（Nachdenken）した結果、「恵みの選び」まで遡り、「神の自己規定」の考えにまで遡らざるを得なかったのである。

ついでに述べると、バルトは1936年に、「神の恵みの選び」という論文を書いていて（巻末文献表37参照）、そこでは予定説とは何かについて、クリスチャンなら誰でもが分かるような説明を書いている。すなわち、「予定説は『恵みを受領することも恵みなのである』ことを説明する」（前掲書5頁）ことに尽きる、と言っている。言い換えれば、「神の選び」とは、救われることが人間の「はからい」ではなく、100パーセント神の「はからい」であり、それ以外の何ものでもない、ということを述べている教説である。それ以外の、何か世界観のような予定説を立てようとすると、たちまち不都合が生ずるのである、と述べている。思うに、正鵠を射ていて分かりやすい。

ルター派は予定説を表に出さない

それでは、聖書から見るならば、神の永遠の選びの内容は本来どのように考えられるべきなのであろうか。プロテスタント教会は聖書を重んじるから、最初の宗教改革者ルター自身、トマス的、ローマ・カトリック主義的な主知説は捨て、主意説に立ち帰っている。

しかし、ルターは予定説を表に出さない。ルターは、救いは礼拝説教で「あなたが（神に愛された）その人だ」と示された時、聖霊の力が働き、神の全能の御言葉が聴こえてきて神の愛を信じる信仰が起こり、永遠の選びがそこで執行される、と述べた。つまり、「あなたのためにキリストは死なれた」と言われて、その人は喜び、有無を言わさず信じるようになるから、神の選びが現実となる、と考えた。これがルターの考え方を忠実に受け継ぐルター派の信仰の中心的な、最も枢要な教えとなっている。とにかくそれは、「命の書」に自分の名前が書かれているのを直接示されるほど確かなことだ。そしてその確信を、洗礼が封印する。救いの確信は、その時に与えられた御霊による。これを「聖霊の内的証示」と言う。聖霊がその人自身に宿って「あなたがその人だ」と証ししてくれるわけである。「この霊によってわたしたちは、『アッバ、父よ』と呼ぶのです。この霊こそは、わたしたちが神の子供であることを、わたしたちの霊と一緒になって証ししてくださいます」（ロマ8・15～16）とある通りだ。だからルター派は、宣教の現場である礼拝と聖書と説教と聖礼典を非常に重んじる。そこで選びが実行されるからだ。

実は、ルターも二重予定は信じている。彼の主著の一つである『奴隷意志論』の中で、ルターは後にカルヴァンがもっと気の利いた形で主張した二重予定説を、カルヴァンよりもずっと粗野でぶっきら棒な形で表明している[64]。

カルヴァンの「二重予定説」は、これに強い影響を受け、ある意味ではそれをそのまま形に表したものと言ってもよいくらいである。ただし、ルターの場合、選びは《教会の宣教の現場》における《御言葉の出来事》として起こる。だから、躓きの多い「滅び」のことは言わなくてもよい。人間の意志の無能（「奴隷意志」）だけを言えばよい。ルター派教会の信仰を代表している「和協信条」（1577年）でも、ほとんど強調されていない。滅びに定められた者のことは書かれていないも同然だ[65]。

64　ルターはエラスムスのヒューマニズム的な「自由意志論」に反対し、自らの『奴隷意志論』が立つか倒れるかによって、宗教改革の真理が立つか倒れるかが決まる、と考えた。この中で驚くほど明白な予定説を展開しており、神の予定を極めて重視していたことは明らかである（cf. WA 18, S.684, 707, 719）。

65　「和協信条」第十一條肯定五、六および九、日本基督教協議会文書事業部作『信條集 前篇』

だから、カルヴァンが述べたような「二重予定説」の過酷さは表面には表れなかった。その代り、選びそのものの意義が軽くなり、それが持つ恵みもぼやけてしまった[66]。

カルヴァンの二重予定説の難点

本当は、ルターの「奴隷意志論」をさらに徹底化すると、カルヴァンの予定説にまで発展するはずであった。

カルヴァンの「二重予定説」の内容はよく知られている。「神は永遠の昔からある者たちを永遠の祝福へと選び、ある者たちを永遠の呪いへと棄却された」という説である。確かに、「選ばれた者」がいるなら「捨てられた者」がいる。これは論理必然的でもある。しかし、このカルヴァンの教えはあまり「福音」的ではなく、至って評判が悪い。特に、神の「二重予定」は永遠の昔からの峻厳な「絶対的決定」（decretum absolutum）であると聞かされると、それは一部の人々には心地よいかもしれないが、他の人々とってはただただ《驚愕》と《恐怖》ですくみ上がらせる「恐ろしい決定」（decretum horribile）としか聞こえない。

本当は、カルヴァンが意図したことは人々を縮み上がらせることではなかった。むしろ本当は、「主よ、あなたがもし、もろもろの不義に／目をとめられるならば、／主よ、だれが立つことができましょうか。／しかしあなたには、ゆるしがあるので、／人に恐れかしこまれるでしょう」（詩 130・3–4、口語訳）の後半で謳われているように、赦しの恵みを与える神の決意が永遠不動であることを知って、感謝から神への愛と畏れがいよいよ増し加わることが目的であったはずである。実際、救われた者自身にとっては、この教えは非常に大きな慰めと励ましである。なぜなら、信仰者が時間の中で信仰を選ぶ決断をするよりも《前に》、《既に》神が永遠において彼を愛し、命と浄福へと定めておられたというの

新教出版社、1944 年、243 頁参照。

66　ちなみに、ルター派の信仰を忠実に受け継いでいる H. I. イーヴァントはそのキリスト論の中で、バルト的な予定説の表明がどうしても必要だと言っている（H. I. イーヴァント『キリスト論』鈴木和男訳、日本キリスト教団出版局、2011 年、105 頁）。

だから、もはや死や終わりの日の裁きを恐怖する必要がなく、「救いの確かさ」が完全に保証されたことになる。その信仰的風土から資本主義の精神が生まれたとする宗教社会学者マックス・ウェーバーの説はよく知られている[67]。自分の救いを確信している人たちが、この世で富や名誉を求めようとはせず、ただ「神の栄光のため」に仕事に励むことにより、ますます富が蓄積され、ますます救いの確信が深められるという好循環が生まれ、その結果、社会に莫大な資本が蓄積されて資本主義社会の出現が可能となった、という説である。

しかし、神学的に考えると、これはキリストが世の初めから全人類のためではなく、限られた人々のためにだけ十字架に掛かる決意をされたという、「限定救済説」を意味する。当然、そんな恐ろしい教えは生理的に御免こうむりたいと言う人々も大勢いよう。アルミニウス（1560-1609年）が主唱したアルミニウス主義もその一つであり、今日でも一部の教会はその流れを汲んでいる。彼らは断然「限定救済説」を排して「普遍救済説」を主張し、カルヴァンの予定説にもルターの奴隷意志論にも反対した。しかしそれは、トマス・アクィナスやエラスムス同様、人間の「自由意志」（liberum arbitrium）を前面に出し、神の「愛」には傷をつけない代わりに、神の「全能」は否定せざるを得なくなる。原罪説のような暗い教理もできるだけ緩和し、ヒューマニズムに近くなる。

カルヴァンの二重予定説は初めは「ドルト信条」（1619年）や「ウェストミンスター信仰告白」（1647年）の制定を機に全世界的な広がりを見せる勢いであったが、強く反発する人々も多く出てきて、17世紀は「選びの信仰」をめぐる「論争の世紀」となった。教会は不毛な神学論争に明け暮れし、伝道や隣人愛はそっちのけとなってしまった。それを是正しようとして生まれたものが、ジョン・ウェスレーのメソジスト運動である。18世紀は論争疲れと反動で、時代も合理主義・啓蒙主義の時代となり、一気に「寛容主義の時代」となった。その中から近代自由

67　マックス・ウェーバー『プロテスタンティズムの倫理と資本主義の精神』参照。原著：Max Weber, Die protestantische Ethik und der Geist des Kapitalismus. In: Ders., *Gesammelte Aufsätze zur Religionssoziologie I*, Tübingen: J.C.B.Mohr, 1920.

主義神学が生まれてきたのである。

直観的に見て、「二重予定説」が誰の目にも聖書とは合わないように見えるのは、やはり、キリストの十字架が限られた人々のためだけであったとする救済の限定性のゆえであろう。これを認めれば神の予定も全能も担保されるが、神の愛は有限となる。反対に、普遍救済説を取れば神が愛であることはどうやら確保されるが、今度は人間が救われるか否かは人間の裁量となり、神は全能ではなくなる。トマス的な「神人協力主義」や「半ペラギウス主義」と同じようになってしまう。このジレンマを解いたのが、バルトの「恵みの選び」の教えである。

イエス・キリストにおける神の具体的決定

バルトは基本的に言って、カルヴァンに従い、人間の自然的な願望に支配される思考には極力捕らわれず、ひたすら聖書に忠実であろうと願う神学を受け継いでいる。しかし、カルヴァンが全人類を勝手に「選ばれた者」と「捨てられた者」の2種類に分類してしまったことに対しては、真正面から反対した。

というのも、「永遠の選び」とは神の最高の「奥義」に属する事柄だからである（本書98頁①参照）。その「奥義」を人間が直接知ろうとすると、必ず「善人は救われ、悪人は滅びる」という自然神学が入り込む。バルトはそれゆえ、カルヴァンに学び、人間の分際でそれを幾分かでも知ろうと欲するなら、われわれは神の「永遠の選び」という「秘義」を映し出してくれるイエス・キリストという《選びの鏡》（speculum electionis）に依らなければならない、と考えた。バルトはここで、忠実に彼の先輩であるカルヴァンが歩んだ道筋[68]を「追思考」（Nachdenken）しているのである。然るにカルヴァンは、不思議にも、途中で自分で考えた道筋を放棄し、救われるように定められた人と、滅びるように定めら

68　カルヴァンは神の選びの認識困難さのゆえに、“Christus ergo speculum est in quo electionem nostram contemplari convenit”（「したがって、キリストはその中でわれわれの選びを直視すべき鏡であり給う」、私訳、CR III, 24, 5）と言っている。［『キリスト教綱要 III/2』渡辺信夫訳、新教出版社、1964年、246頁］

れた人の2種類の人間がいる、という「常識」を導入してしまう。バルトはそれをしない。バルトは神の選びということは、《具体的に》、ただイエス・キリストの十字架上で起こった出来事においてこれを見るのでない限り、絶対に誰も認識も思惟もできない、という考え方を堅持する。すなわち、十字架の出来事の中に、神の永遠における「原一決断」がどのようなものであるかが示されている、と考える。この《鏡》には、まず、すべての罪びとの罪を背負って「永遠の滅び」へと御自分を棄却された御方、神の子イエス・キリストが映し出されている。彼は十字架の上で、「わが神、わが神、なぜわたしをお見捨てになったのですか」(マコ15・34)と叫んで死なれたからである。バルトは、イエス・キリストこそがわれわれに代わって「棄てられた者」である、と考える。次にまた、彼の身代わりの死によって、「永遠の救い」へと「選ばれた者」たち、すなわち、罪びとである人間が映し出されている。この両者が共にイエス・キリストの十字架という《鏡》の中に見られるわけである。

したがってバルトは、神の選びをキリストの十字架における神の御自身を捨てる御愛の中に、《具体的に》、見ているのである。それゆえそれを「二重の選び」とは呼ばず、「恵みの選び」(Gnadenwahl)と呼ぶ。そして、「恵みの選び」について述べた "Leitsatz" で、それを「福音の総括」(Summe des Evangeliums, KD II/2, S.1［『神論』II/1, 3頁］)と呼んでいる。

バルトはこのようにして、神の永遠の決定については、「ある人々が救われ、他の人々が捨てられる」という「絶対的な決定」がわれわれに分かるというカルヴァンの考え方はあの《鏡》を無視した全く《抽象的な思考》であり、誤りである、と言う。なぜなら、今信仰を持っている人がいたからと言って、彼が永遠の昔から神によって救いへと選ばれたかどうかも、必ず救われるかどうかも、誰にも分からないからである。ひょっとしたら、主が再び来られる時、地上には一人の信仰者もいないかもしれないのである(ルカ18・8参照)。不信仰者に関しても同じことが言える。だから、そのような不確かな根拠に基づく思考は神学が最も避けるべき《抽象的な》思考だ、と言うのである。

キリストは選ぶ神であり選ばれた人である

バルトは自分の「恵みの選び」(Gnadenwahl) の教説の基本命題として、「イエス・キリストが選ぶ神であり、そして、選ばれた人である」という二つの命題を立てた。彼はここで、「三位一体なる神」を「選ぶ神」とはしていない。また、「父なる神」をも「選ぶ神」とはしていない。それは、神の永遠において既に恵みの選びは三位一体なる神の完全な合意と一致において決断されているものでなければならないと考えた場合、最初の発意者が誰であるかは問題ではないはずだからである。むしろ、御父に従い、御自身を全人類に献げて「献愛」に生きる決断を主体的になさったお方、すなわち、御子なる神が「選ぶ神」である。なぜなら、もし御子が御自身の主体性において御父への服従と十字架上の死を決意されたのではなく、ただ御父の決断と命令に奴隷的に服従しただけであれば、それはいわゆる「従属説」となり、三位一体論は崩れてしまうからである。御子はむしろ、御父を愛し、「父がなさることはなんでも、子もそのとおりにする」(ヨハ 5・19) とある通り、喜んでお従いしたのである。御父は御子の決断と服従をお喜びになり、十字架で死なれた御子を墓の中から高く引き上げられる。そのようにして、「すべての人が、父を敬うように、子をも敬うようになる」(同 23 節)。これが、三位一体なる神の永遠の御決断だったのである。

それゆえバルトは、「この三一の神の内的な平和において、御子はかの選択の原初的な客体であられるのと少しも劣ることなく、その原初的な主体であり給う」(KD II/2, S.112［『神論』II/1, 187 頁以下］) と主張した。

それと同時に、イエス・キリストは「選ばれた人」でもある。ただしこの場合、イエス・キリストは単に「一人の」選ばれた人ではない。また、単に選ばれた人々の中の最初の人、「長子」でもない。そうではなく、「彼において」、すなわち彼の中に (“in ihm”, Eph. 1、4)、彼が愛してその身代わりに十字架にお掛かりになったすべての人間が含まれているのである。「《彼において》とは、彼の御人格において、彼の御意志において、彼の固有の神的な選びにおいて、神の根源的な決断において、彼が各々の人間に相対して完遂された事柄を意味する」(aaO, S.125［同209頁])。なぜなら、イエス・キリストは「選ばれた人」であると同時に「選び給う神」でもあられるゆえ、彼の選びの中に、彼が欲し給うすべての人の現実的で最後有効的な選びが含まれているからである。バルトはこれを、神の永遠の選びのカルヴァン的な「抽象的決定」(decretum absolutum) とは異なった「具体的決定」(decretum concretum) であると言う。もちろんそれは、直ちに「全人類」とは言えない。しかし、「全人類」から誰かを排除する理由はわれわれにはない。実際、バルトはその中に、全人類が含まれている、と実際には考えていたようである。

以上のように、バルトは神の恵みの選びを説いて、彼の福音理解の中枢部を世に示そうとした。すなわちバルトは、「唯一のまことの神、主がいます」ということと、「その神はまことに恵み深いお方だ」ということを、強く現代の世に証ししたい、と考えていたのである。

「万人救済説」か?

以上がほぼバルトの「恵みの選び」の教説の概要である。われわれはそれが聖書の証言に基づき、一歩一歩神学的な「追思考」という険しい山道を登ることによってようやく勝ち得た結論であることを知るならば、それが多くの人に深い慰めと喜びを与え、神讃美と神頌栄(ロマ11・33以下参照)に終始するものであるということについても、きっと納得がいくようになるに相違ないと考える[69]。

しかし反面、教派的伝統を重んじる人々の陣営からは、これなら何も信仰を持たなくても全員救われることになるから、「万人救済説」と同じではないか、との反論が当然湧き上がる。もともと、皆それぞれに

69 ちなみに、日本の組織神学を代表する一人である熊野義孝は晩年バルトについて、「私はこの人から次第に多くを学ぶようになった」と教室で述懐しておられたことがある。その最大の影響を受けたのは間違いなく予定論においてであると思われる。熊野の予定論はその教義学形成上の位置と役割、認識原理、構造等々においてバルトのそれとよく一致している。「予定論はキリスト論との根本的一致によって、初めて重要な神学的命題となる」(熊野義孝『熊野義孝全集 第七巻 教義学上』新教出版社、1980年、244頁) と何度も述べている。

人間の側からの信仰的応答を重んずるがゆえにこそ、長年苦労して培われてきた教派的伝統を守ろうとするのであるから、なかなかバルトの予定説を認めようとはしないことは首肯できる。また恐らく、誰でもが当然抱く極めて素朴な疑問としては、信仰者の主体性はどうなるのか、という疑問がある。それゆえ、バルト神学において、神の「真実」（Treue）に対する信仰の「応答真実」（Gegentreue）はどのように考えられているのかが問われなければならない。これは本来次節の和解論で答えられる問題であるので（本書113頁以下参照）、ここでは一言だけ述べるにとどめたい。恐らくバルトはこう答えるであろう。すなわち、自分が救われたという確信は、キリストの「献愛」と呼ばれる深い愛を知らなければ生まれない。また、それを知って救いの確信を持った者は、いっそう深く己の卑しさ・無資格さと共に神への感謝を覚え、キリストを愛し、キリストに従う生涯を歩むだろう。それ以外に、人間の「応答真実」が生まれて来るよすがはないのではないか、と。

ここでは、いわゆる「万人救済説」について若干のことを記して本項の叙述を終えたい。

バルトは、万人救済説は誤りである、と何箇所かではっきりと述べている（bes. KD II/2, S.461f.［特に『神論』II/2, 207頁］）。彼は教理史上のたくさんの「万人救済説」を内容的に熟知しているが、それらと自説とが混同されることは決して喜ばないであろう。万人救済説が危険なのは、それがカルヴァンの「二重予定説」同様、一種の《抽象的》思考だからである。最初から「すべての人は救われる」と考えることは、人間が神の恵みの上にあぐらをかくことを意味する。もう全員救われているし、自分も救われたということになれば、論理的には何をしても許されるし、何もしなくてもよく、伝道もしなくてよいという安直な結論と直結する。それは一つの、福音の自然神学的な歪曲にすぎない。特に、日本人の宗教心の中には、浄土真宗的な万人救済の考え方が相当に濃厚であるから、うっかり説教壇から「全員救われています」と言えば、日本ではすぐに浄土真宗と同じだ、と受け取られるのが関の山である。江戸時代の真宗の信者の中には、「南無阿弥陀仏」と唱えれば救われると言って平気で置屋を経営する者もいたようである。ついでに言えば、現在「日本基督教団」に問題化している未受洗者にも陪餐を勧めるいわゆる「開かれた聖餐論」は、神学的に考えれば、「万人救済説」を前提としない限り出て来ないと考える。論理的には《応答》不要論であるから、論者は「われわれはそこまでは言っていない」と反論するかもしれないが、洗礼不要論となってしまうのではないかと危惧している。

ちなみにパウロについて見てみると、彼は「律法が入り込んで来たのは、罪が増し加わるためでありました。しかし、罪が増したところには、恵みはなおいっそう満ちあふれました」（ロマ5・20）と、神の恵みの無限の大きさを手放しでほめたたえている。しかしすぐその後で、「では……恵みが増すようにと、罪の中にとどまるべきだろうか」（同6・1）と自問して、直ちに「断じてそうではない」（同6・2, 15, 7・7、口語訳）と、最高度の強さと真剣さで三つの章（同6–8章）にわたって反論を展開している。

バルトの場合にも、「恵みの選び」の教えは正しく聴かれ、理解された場合、《感謝》から信仰や服従が起こることを説いている。それが「予定論」のすぐ次に語られている「神の戒め」に関する叙述（KD II/2, S.564ff. [『神論』II/3, 3頁以下]）に他ならない。バルトは改革派教会の「律法の第三用法」（本書88頁以下、139頁以下参照）の伝統に固く立っている。彼の「恵みの選び」（aaO, S.1ff. [『神論』II/1-2]）が「福音」であるとするなら、「神の戒め」の教説は「律法」に相当する。バルトにとって、「福音」は必ず「律法」を伴って、初めて「福音」である。「律法」がないがしろにはされていないから、「万人救済説」とは厳密に区別されなければならないのである。

万人救済説は、厳密に言うと、バルトの予定論からは出て来ない。なぜなら、バルトの場合、「彼において選ばれた人々」とは、イエス・キリストが永遠の昔にその御心にあった人々のことだから、全人類かどうかは誰にも分からないからである。ただし、すべての人が救われることはキリスト者の希望であり、バルトも同じである。われわれはそのことを「決め」たり、それを前提に議論をしたりすることはできないが、そのことを「祈り」、また「希望する」ことは許されていると言っている（KD II/2, S.462.［『神論』II/2, 207頁］）。本書が「全人類」という言葉を使う場合には、バルトがそうしているので、以上のことを踏まえた上で、同じ意味でこの言葉を使っている。

神学史をひもとくと、古代教会では「全人類が救われる」という意味での万人救済説は決して珍しいものではなかった。アレクサンドリアのクレメンスやオリゲネスがその代表である。しかし、教会は543年にコンスタンティノーポリス総主教がオリゲネスのいくつかの説と併せてアポカタスタシス論（万物帰一主義、エフェ1・10参照）を異端的と論難した（Denz. 403-411）。これが553年の第2コンスタンティノーポリス公会議で批准されて確立した。それ以来、万人救済説は公同教会では異端とされ、宗教改革の時代に福音派が現れるまで、教会の中ではほとんど鳴りを潜めていた。

そもそも、永遠の命に入れられるかどうかという「予定」（praedestinatio）の問題と、この地上でキリスト者として召されるかどうかという「召命」（vocatio）の問題とは、全く違うのである。この地上にあっては、信仰者とならないならば、その人の魂には「平安」も「喜び」もなく、「この世の中で希望もなく神もない者」（エフェ2・12、口語訳）となろう。信じて神の裁きを受け、救いに入れられた者がようやく「義認」と「聖化」の恵みを受け、人生を意義あるものとして「召命」に生きられる。それゆえ、正しい福音の聴従から「義認」と「聖化」と「召命」が生じ、伝道の大切さが認識されることは、依然として無限に重要である。だから「律法」の勧告的・警告的機能（本書88頁以下参照）がある。

パウロは死後の、終わりの日の最終的な救いに関しては、神の「秘められた計画」（ロマ11・25）として、「一部のイスラエル人がかたくなになったのは、異邦人全体が救いに達するまでであり、こうして全イスラエルが救われる」（同25–26節）と語っている。更に、「神はすべての人を不従順の状態に閉じ込められましたが、それは、すべての人を憐れむため」（同32節）と語って、神の永遠の御名を讃美・頌栄することによって予定論を締めくくっている。われわれも、パウロと同じ次の言葉でこの部分の叙述を終えたい。

「万物は、神からいで、神によって成り、神に帰するのである。栄光がとこしえに神にあるように、アァメン」(同36節、口語訳)。

6章 キリストによる神との和解

われわれはこれから、いよいよバルトが捉えた「福音」とはどのようなものであったかについて考えたい。

バルト研究では世界の最高峰の一人であるコーリン・E. ガントンは、その名著 *The Barth Lectures*（巻末文献表50参照）で、われわれと同じように、バルト神学を説明するのにその成立史や彼の三位一体論・神論の紹介の後に、『教会教義学』の中の「恵みの選び」の教説をまず説明し(op. cit.Ch. 7sqq.)、続いて「和解論」（KD IV/1-3）について説明している(op. cit.Ch. 10sqq.)。つまり、それ自体非常に魅力のある創造論（KD III/1-4 [『創造論』I/1-IV/4]）を最初は完全に飛ばしているわけである。ロンドンのキング・カレッジで1999年のレントから開かれたこのガントンの公開講義には全世界からバルト神学に関心を寄せ、彼から学びたいと願う人々が押し寄せてきたようであるが、ガントンがバルト神学を説明するのに最も良い手順と考えたのがわれわれと同じであったことは興味深い。もちろん、バルトの『教会教義学』が書かれている順序は通常の教義学どおり、最初に「神の言葉」の教説（第1巻）が置かれ、続いて第2巻「神論」、第3巻「創造論」、第4巻「和解論」という順序で展開されている。最後に「完成論」が来るはずであったが、これは完全に手つかずとなった。

思うに、バルト神学のような膨大な体系を持ち、全体で約30年もかかって展開されていく神学の場合には、初心者ならずとも、今自分がどのあたりに立っているかを絶えず確かめていないといつのまにか迷宮入りしてしまう。また、そもそもバルトは何を言いたいかというその中心点から片時も目を逸らさないようにしていないと、やはり混乱に陥りやすい。その証拠に、世界で一流と目されるたくさんの神学者たちが、およそ見当違いなバルト批判をして事足れりとしている。その読み方が間違っているのだが、自分では気づかないのである。それゆえ、バルトが福音をどのように理解したかを最初に「予定論」と「和解論」から知ることは、初心者にとってだけでなく、研究者にとっても肝要であると考える。

実際、バルトは『ロマ書』でデビューして以来、その最もユニークな点は「神が語った」と言って「唯一のまことの神、主がいます」ことと「この神はまことに恵み深い」こととを証しすることであった。また、『ロマ書』ではそれほど表面に現れていなかったが、「この神は生きて働き給う」ということも、重要な主張であった。キリスト教神学ならば当たり前のことのようでありながら、バルトが語ると、内容は全く当たり前ではなく、奥深いことに気付く。バルト神学の特異性は特に「恵みの選び」の教説で世に明らかとなった。この「恵みの選び」の御計画が実行に移されるために、神は天地万物を造られたが、その中の「善き創造」はあくまでも「恵みの選び」を実行なさろうとするための技術的前提に過ぎない。重要なのは「創造」の目的である神と人間との交わりとしての「恵みの契約」(Gnadenbund) の成就である。すなわち、その契約を罪によって反故にしようとした人類に対してそれを回復し、人類の「罪」を「贖う」「和解」の御業が最も重要となってくる。かくして、《永遠》における「恵みの選び」がそのまま《時間》の中において成就したものが、紀元1～30年にユダヤの地で起こった、神・人イエス・キリストによる和解の出来事(その御降誕から十字架・復活まで)に他ならない。だとすれば、それを言語化した「和解論」の部分に、おのずとわれわれの注意が集中するのも当然であるわけである。

この部分は非常に興味深いところであり、かつ、難解ではない。その上、井上良雄の名訳があり、一々原書を開いて確かめる必要がないほどの精確さと読みやすさで定評がある。わたしが東京神学大学に編入学した最初の年（1962年）に実践神学の教授であられ、バルト神学にも精通しておられた加藤常昭先生が御自宅を解放して希望者のために読書会を開いてくださった時のテキストが、井上訳の『和解論 I/1』［KD IV/1, §§ 57-58］であった。そこで最高の指導者を得てみっちり御指導をいただいたことは、まさにわたしにとっては摂理的な導きであったと考えている。わたしは本書の読者にもぜひ『和解論 I/1』の精読をおすすめしたい。バルト神学への入門としては、この本と『教義学要綱』（巻末文献表参照）が最も良い。

本節では『教会教義学』第4巻の「和解論」の主要部分を説明したい。

「和解論」のあらまし

バルトは彼の「和解論」全体の序言で、「私は一切のキリスト教認識のこの中心（Mitte）において、神学者に課せられている全く特別な責任を自覚した。もしここで失敗するならば、全体が失敗なのである。そして、もし、ここで少なくとも正しい道を歩んでいれば、全体も間違っているとは言えないのである」と述べている（KD IV/1, Vorwort［『和解論』I/1, 3頁以下、「はしがき」、強調：引用者）。この「和解論」の成否に神学者としての全存在をかけている、との意気込みが伝わってくる。文字通り、神と人間の「和解」は「福音」の中心（Mitte）であり、教義学の中心でもある。では、その「中心」とは何か。それをバルトは、聖書の一つの言葉によって次のように言い表している。「神は我々と共におられる」（Gott mit uns, マタ1・23）、と。神が人間と共にいてくださるということが、彼の神学の中心メッセージであることが分かる。「教義学」の中心（Mitte）が、そのことを明らかにする「和解論」であり、天地創造について述べる「創造論」（Schöpfungslehre）、及び、天地万物の完成について述べる「完成論」（Vollendungslehre）または「終末論」（Eschatologie）はその周辺（Umkreis）である。

次にバルトは、和解で最も重要な主役を務めるイエス・キリストのことを、「仲保者」（Mittler）と呼ぶ。文字通り、両者の「仲」を取り持つお方、という意味である。「神は唯一であり、神と人との間の仲介者も、人であるキリスト・イエスただおひとりなのです」（1テモ2・5）とある通りである。このイエス・キリストは、古代教会の重要な信条である「カルケドン信条」で告白されているように、「まことに神にして、まことに人」（vere Deus, vere homo）である。簡単な言い方で言えば、「神・人両性一人格」（duae naturae, una persona）とも言う。

彼が「仲保者」であるとは、文字通り、彼は神御自身の「すべて」を代表して人間の前に立っておられる「神」であると同時に、全人類の「すべて」を代表して神の前に立っておられる「人」である、という意味である。言い換えるならば、神の子キリストが人間のためになさったすべての恵みの行為は、すなわち、神が人間に対してなさった御恩寵のすべてである。また、人間イエスの身に起こった事柄が、すなわち、人間が神からいただく恵みのすべてである、ということである。

というのも、バルトによれば、神と人間との永遠における「原―関係」（Urbeziehung）とは、イエス・キリストが人間の救いのために御自身を選ぶ神であり、かつ、神のために選ばれた人である、ということであった（本書第5章参照）。彼において、神と人間との「原―契約」（Urbund）が既に結ばれており、人間は神の永遠の御愛の対象であった。イエス・キリストはこの「原―関係」を現実の歴史の中で神と人間との真実の「関係」（Beziehung）である「恵みの契約」（Gnadenbund）へと具現化し、かつ、それを現実の愛の関係へと実現（成就）するお方である。したがって、キリストは神と人との「恵みの契約」の「仲保者」なのである。天地万物はそのために創られ、それに向かっていく。

さて、以上はいわば天上の、父の世界（本書44頁参照）における話である。では、地上における、人間の現実の歴史の中ではどうか。人間の歴史の中では、この「契約」は始祖アダムの堕罪（創3章参照）から始まって、全人類の堕落と神への反逆によって破られ、無効となってしまった。契約の一方のパートナーである人間がそれを破ったので、契約は中身のないものとなってしまった。ただし、それは完全に反故となってしまったのではない。確かに人間は唯一のまことの神への真実と誠意を捨て、他の神々に仕えたが、神の方は、人間のあまりにも理不尽な反逆と無知にもかかわらず（dennoch）——この“dennoch”を、バルトは無限に強調したいのである（本書100頁参照）——人間への真実と愛を捨て給わなかったからである。むしろ、神はこの契約を回復する。それが「和解」（Versöhnung）である。契約はイエス・キリストの「身代わりの死」と「死人の中からの甦り」によって、ふたたび更新され、両者の関係が回復される（エレ31・31以下）。和解とは関係の修復である。それらは皆、まず、イエス・キリストの《身において》現実となる。そして、この彼の《身において》起こった事柄・出来事の全体が、神と人間全体の関係に及び、神と全人類との「和解」となっていくのである。

したがって、事柄はまず、イエス・キリストにおいて単独的に起こり、次に、その事柄がその内容にふさわしく、人類全体に——イエス・キリストよりも前に生きていた全人類には、遡及的（rückgängig）に、彼と同時代に生きていた、また、彼よりも後に生きる全人類には、波及的（fortgängig）に——効力を発揮する、と考えてよい。

さて、バルトによれば、以上で述べられた和解の出来事の全体はあまりにも内容が豊かで多面的であるので、次の三つの、決して便宜的に一つにされてしまうことのできない「局面」（Aspekte）に分節されて説明される必要がある。それゆえに、彼の和解論が扱う問題領域は三つあり（KD IV/1, S.140ff.［『和解論』I/1, 223頁以下］）、和解論は3部構成となる。

初めにその概要を読者の記憶に留めていただくことが便宜である（または、必要に応じてこの個所を読み返していただきたい）ので、一応以下にまとめて説明しておきたい。

1、バルトは言う。「第一の局面は、われわれがイエス・キリストにおいて見るのは真の神である、という事実である」（aaO, S.140［同223頁］）と。ここでは「神の子」（Gottessohn）であられるイエス・キリストが人性をお取りになって人となり、「善き羊飼い」としてわれわれ「迷える羊」となってしまった一人ひとりを探し求め、野を越え山を越えて「異郷」に来られたことが説明されている。バルトはこの部分のキリスト論について、「異郷に赴く神の子の道」(Der Weg des Sohnes Gottes in die Fremde) という表題を付けている。『教会教義学』第4巻第1分冊の第59節1である (KD IV/1, §59,1)。「異郷」とはわれわれ人類の住む世界、阿鼻叫喚の巷、まさに「穢土」としか言いようのない人類世界である。そこに降り、馬小屋の飼い葉桶の中に生まれ、われわれと共に生き、われわれを愛し、われわれの身代わりに「呪いの死」を引き受ける「献愛」の死を遂げられた。これは内容的に言うと、「神の死」(Gottestod) に他ならない。また、この御子の存在と行為全体は、われわれのための「身代わりの死」であるから、イエスの身に起こったことは本当に、また真実に、われわれ罪びと一人ひとりの身に起こった出来事であり、それはわれわれの「古き人」の「死」と「滅び」を意味する。遡及的に、また波及的に、全人類の死と滅びを意味する。言い換えるならば、神の愛を拒み、《肉》の思いのままに罪を犯し続けているわれわれは、本来ならば、つまり、神の絶対的な「真理」(Wahrheit) の中では、キリストと共に死へと葬られてしまったのである。また、それと共に、「罪」そのものが完全に処断され、全世界から消滅せしめられてしまったのである。なぜなら、われわれは本当に、また真実に、罪を犯す「古き人」としては皆死んでしまったのであるから、もはや罪を犯すことができず、罪の力がわれわれを支配し、律法が苦しめ、死と陰府がわれわれを絶えず恐怖と不安におびやかすことはもうなくなってしまったからである。なぜなら、すでに死んだ者は、すべての束縛や恐怖から完全に解放されているからである。

つまり、全体をまとめて言うと、われわれは本来犯した罪のゆえに裁かれて死ぬべきところであったが、にもかかわらず (dennoch)、キリストが代わりに死んでくださった。それは、罪を犯し、救われようもなかった「古いわたし」は、もう本当に、また真実に、死んでしまった、ということである。

(この第1の局面とは、伝統的な教義学ではイエス・キリストの三職〔祭司職、王職、預言者職〕のうち、「祭司職」についての叙述に相当する。祭司は神に献げもの〔この場合は、キリスト御自身〕を献げて民の罪を贖い、神と民との交わりを回復するからである〔レビ16章参照〕。それについて述べたものがKD IV/1［『和解論』I/1-4］の部分である。なお、この第1の局面は伝統的に「贖罪論」——人間の罪がどのようにして贖われるかについての議論——という、より一般的な名称で呼ばれ、特に神学の枢要な部分とされている。）

2、バルトは言う。「『われわれがイエス・キリストにおいて見るのは人間の真の姿であり、彼の命運である』というのが、第2のキリスト論的局面である」（aaO, S.143［『和解論』I/1, 226頁］）と。ここでは「人の子」（Menschensohn）[70]であられるイエス・キリストが死人の中から甦らされ、天に挙げられた出来事とその意味が論ぜられる。イエスの身に起こった出来事は、そのままわれわれ罪びとの身に本当に、また真実に起こった出来事であるから、これはわれわれ自身の死人の中からの「甦り」と「昇天」を意味する。言い換えるならば、われわれは神の絶対的な「真理」（Wahrheit）の中では、神の恩寵により、《既に》「古い自分」に死んで、本当に、また真実に、「新しい自分」に甦らせられ、神の子としての身分を授けられている。つまり、われわれは救われて既に神の子とされ、天上で神の食卓についている。もちろん、《事実》としては（de facto）、われわれはそのことをまだ知らず、あるいは知らされても受け入れることを拒んでいるから、相変わらず自分は神に背いて罪を犯し、滅びるより他にないと考えている。それは、神の赦しと愛を知らないから、すべての事柄が現実とは《真逆》にしか見えないからである。本当は、そして真実には（de iure）、われわれは既に神の子とされ、御霊を注がれて神との交わりに入れられ、教会の枝として生きることが許されている。そして、神を愛し、隣人を愛し、信仰と愛と希望に生きることが許されている。「さて、あなたがたは、キリストと共に復活させられたのですから、上にあるものを求

70　大変紛らわしいのであるが、バルトの「人の子」という言葉は単に「人間」という意味である。共観福音書でイエスが御自分のことを「人の子」と自称しているが、バルトが活躍していた時代の新約神学では、それらの「人の子」の章句はほとんどが後代のもので、イエスの真正のものではないとされていた。

めなさい。そこでは、キリストが神の右の座に着いておられます……あなたがたは死んだのであって、あなたがたの命は、キリストと共に神の内に隠されているのです。あなたがたの命であるキリストが現れるとき、あなたがたも、キリストと共に栄光に包まれて現れるでしょう」（コロ3・1，3，4）と記されているとおりである。

（この第2の局面は、バルトの考えでは、イエス・キリストの「王職」についての叙述である。われわれもキリストと共に天に昇り、王子として神の食卓に着くことが許されていることの叙述である。それがKD IV/2［『和解論』II/1-4］の部分である。）

3、バルトが述べる「第3の局面」においては、神の真理（Wahrheit）の中では既に現実に（in Wirklichkeit）起こってしまい、既に成就してしまった事柄が、われわれが考える事実（Faktizität）の世界でも遡及的に、また波及的に現実となる、ということが述べられる。つまり、この地上に住むすべての人に御霊が注がれ、信仰と服従が事実として（faktisch）起こるようになることが述べられる。これをバルトの言葉でキリスト論的に表現すると、神の和解の「真理が、イエス・キリストにおいて、われわれのもとに、主権を持ってやって来る」（KD IV/1, S.150［『和解論』I/1, 238頁］、強調：引用者）と語られる。これはもっと平たく言えば、「イエス・キリストが来られる」と表現してもよいし、「神の国がこの世に来る」と表現してもよい。

このことについて述べているKD IV/3［『和解論』III/1-4］の部分が、ある意味では、バルトの和解論で最もつかみにくく、また、たとい一流の神学者であっても、斜め読みをしていると必ず誤読してしまう部分である。

確かに、イエス・キリストについて語られるべきすべての事柄は、上の第1と第2の局面の叙述で語り尽くされている。そして、これらの局面において語られたのは、神の絶対的な「真理」（Wahrheit）の中では既に現実に（in Wirklichkeit）成就してしまった事柄である。といっても、読者はきっと、「それはイエス・キリストお一人において起こった出来事ではないか、だから、本当に、真実に、その通りわれわれにも起こったとは言えないのではないか」と言うであろう。なるほど、そうかもしれない。しかし、間違えないでいただきたいことは、これはもはや、単に天上の、父の世界での出来事ではない、ということである。むしろ、それはこの地上で、人間の住む現実の歴史世界において、今から2000年前に既にイエスの身に現実に「起こった」出来事である。言い換えるならば、イエス・キリストにおいて、天から地へと下降する1本の線がわれわれの世界の真ん中に既に「弾孔」をうがち開けてしまったのである。それゆえ今や、「イエス・キリスト」の身においてそれは「起こった」。そして、このイエスお一人において「起こった」出来事が、遡及的に、また波及的に、全人類一人ひとりの身においても「起こる」ということが、「和解論」第3部の主題である。

だから、ここでは特に、①われわれが通常われわれの「事実」(factum) と考える事柄と、②神がわれわれについて考えるわれわれに関する「真理」(Wahrheit) と、③われわれの真の姿と言ってもよい、われわれの「現実」(Wirklichkeit) について、三者の異同を考える必要がある。まず、②と③は全く同じである (②=③)。つまり、人間は事実としては依然として罪を犯し続けているように見えるが (①参照)、にもかかわらず (dennoch)、彼はキリストのゆえに、既に罪を赦され、救われている。彼はもう、罪を犯すことが本当はできないはずなのである。しかし、この人間の「現実」と、人間が自分自身について「事実」であると考える事柄とは、まるで《真逆》である (①≠②=③)。

一つの譬えを用いて説明するならば (この譬えは後でもう一度述べる)、いわば神が人間の罪を裁く法廷が2000年前に開かれ、判決が下された。その判決によれば、われわれ人間は《既に》、「権利上は」(de iure) 救われている。しかし、このことはただ、信仰の目によってしか認識できない。だから、このことを信じないで、または全く知らないで、依然として罪の世界にとどまっている人間には、神の「にもかかわらず」(dennoch) の愛が分からないので、「事実としては」(de facto）、罪を犯し続ける。一切が《真逆》に見えるのである。つまり、彼は真理の世界ではなく、虚偽の世界に生きようと欲し、または、知らずして、そうしている。

「権利」（ius）と「事実」（factum）の関係で言えば、こうである。強欲な人がいて、彼は神の土地を自分の土地だと主張していたとする。しかし、民事訴訟で負けてしまった。裁判所から交付された判決書を見ても、法務局にある登記簿の記載を見ても、土地は《de iure》、すなわち、《権利上は》神のものとなっているのに、彼だけが、「それは俺のものだ」と言い張って、そこで依然として傍若無人な振る舞いをしている。それゆえ、彼は《de facto》、すなわち、事実としては、神をないがしろにし、他人をも傷つけ、ついでに自分自身をも罪の泥沼の中に閉じ込め、苦しめ続けているのである。これが、われわれの考える「事実」（factum）、すなわち、われわれの目の前にある「現代世界」なのである。

もちろん、バルトは決してこの《事実》の次元を無視したり、軽んじたりはしない。なぜならば、この「事実」（factum）の世界とは、単にわれわれ人間にとっての「幸福」だけではなく、世界の「平和」（神のシャーローム）も、それと深くかかわってくるからである。だから、神にとっても重要であり、教会にとっても、神学者であるバルトにとっても、重要である。それゆえ、神学者バルトはこの「事実の世界」とか「この世の歴史」と呼ばれるものを、むしろ真正面から、神学の重要な主題として取り上げる。それがKD IV/3［『和解論』III/1-4］の部分である。

ただし、神は既に勝利し、サタンは敗れ、罪びとの罪は滅ぼされたので、虚偽は虚偽として次第に暴かれてゆかなければならない。神の「弾孔」は既にうがたれたのであるから、そこから「イエス・キリストが主権を持ち、力をもってわれわれのところに来つつある」のである。それゆえ、われわれ人間の方から見ても、全世界は今や、客観的には、キリストの御霊の御支配のもとにあり、神の御許へと帰る大きな運動（Bewegung）の中に置かれている。全世界の歴史は、「罪の死」から「神の命」へと帰る《途上にある》(unterwegs) のである。今や世界史は、終わりの日の完成に向かってひたすら走る「中間時」(Zwischenzeit) の中にある。

（この第3の局面とは、すなわち、キリストの「預言者職」についての叙述となる。）

世にも不思議な裁判

以上で、「和解論」全体の構造は一応お分かりになられたと思うので、さっそく、その中の最も枢要で基礎的な、第1部の中心点を紹介したい。

イエス・キリストの出来事全体は、そこで神が人類全体――もちろんそれは、われわれ一人ひとりのことでもある――の罪を裁く「訴訟事件」として表象される。その「神の法廷」が、2000年前に、エルサレムの都で――すなわち、この世界と歴史の真っただ中で――公開されたわけである。この法廷は、神が全人類の罪に関して開いた「ただ一度限り」（ヘブ9・26参照）の法廷である。しかも、全歴史にわたり、全人類に対して有効な「永遠の法廷」である。その意味は、すなわち、神が全人類を――したがって、遡及的に、イエス・キリスト以前に生きていた全人類をも、また、波及的に、彼と共に、また、彼以後に生きる全人類をも――有効な仕方で裁き、そして、その判決通りのこと（＝神に栄光が帰せられ、罪人が判決通りに殺されること）を現実に執行された、ということに他ならない。

ところで、そこで行われた裁判は、世にも不思議な裁判であった。なぜなら、被告席に座って裁かれたのは全人類ではなくて、裁判長である、神の子キリスト御自身だったからである。そして、われわれ全人類には、罪の赦し（赦免）――それを正しく受け取る受け取り方は、もちろん、「ただ信仰のみによる」のであり、この点は、バルトにおいても少しも変わりはない――の判決が言い渡されたのである。

もう一つ不思議であり、かつ、バルトの贖罪論にとって極めて重要である事柄は、われわれ人間は全員、この訴訟事件では完全に「蚊帳の外」に置かれていた、ということである。すべては、われわれ無しに(sine nobis)行われ、完了した。もちろん、そこに若干の人々はいた。祭司長もサンヒドリンのメンバーたちも、ポンティオ・ピラトも、そして大勢の群衆もいた。十二弟子も、母マリアも、マグダラのマリアもサロメも、そして死刑執行人もいた。その他にもいたようである。しかし、極めて重要な事柄は、その際すべての中の最も重要な事柄は、断罪も、処刑も、すべてはわれわれ無しに、そして、われわれ全員の意に反して、しかし、われわれのために（sine nobis, contra nos, sed pro nobis ）——イエス・キリストが全人類を罪に定め、その罪を背負われ、全人類を罪から解放した、ということなのである。その結果は、聖書に証しされているとおり、「成し遂げられた」（ヨハ 19・30、動詞は完了形）ということである。その意味は、主の十字架の死によって、全人類の救いに関する一切の事柄は《既に》成し遂げられ、これに付け加えられるべき事柄は何一つない、ということである。つまり、他の誰一人として、それに関与していなかったように、これからも関与してはならず、また、実際に関与を不要とする仕方で、一切はキリストにおいて成し遂げられ、完了したのである。

もっと明確に言うならば、神の十字架の愛は、それを人間が受け入れるか否か、否、そもそもそれを告げ知らされて知っているか否かとは何の関わりもなく、《既に》最終的に全人類に有効なものとして成就している。人間はそれをもはや覆すことも、なかったことにすることもできず、ただ、信じて感謝して受け取ることしかできない、ということなのである。

あるいはもっと正確に言うならば、われわれはせいぜい、傍聴券を買って傍聴席に座ることだけしか許されていなかった、と言うべきであろう。そして、われわれ全人類は、この裁判が全て終わったところで、その場所、その地点から、新しく、もう一度、あたかも死んで甦らされた人——ラザロ（ヨハ 11・44）やヤイロの娘（マコ 5・42）にその先例がある——のごとく、まったく新しくされた大地に立ち、新しい大気を胸いっぱい呼吸し、新しい人間関係の中で再び生きることができるようにされたわけである。それゆえにそれは、限りない《恩寵》と言うより他にない。われわれは自分の罪のことなどつゆほどにも知らず、まるで考えもしなかったあいだに、罪の《力》と呪いから解放されていた。ただしわれわれは、そのいきさつのすべてを後から知ることは許されている。教会で説教を聞き、聖書を読んで確かめ、ようやく自分の身に起こった己の生の最も深い秘密を知ることができる。そして、それを知れば知るほどますます後悔と深い感謝の涙を流し、懸命に神の御愛に応えて生きようと欲するようになる、ということなのである。

以上のバルトの贖罪論全体を、彼はサルデスのメリトの言葉、「裁き主が裁かれた」（Iudex iudicatus est）[71] という言葉で表現した。これは『教会教義学』第4巻第1分冊第59節2の表題である（KD IV/1, §59,2)。

父なる神の判決

今までのところをもう一度整理してみよう。

今から2000年前に、ゴルゴタの丘の上で、神の御独り子イエス・キリストが十字架に掛かり、「わが神、わが神、なぜわたしをお見捨てになったのですか」（マコ15・34）と絶叫して「呪いの死」（ガラ3・13参照）を遂げられた。このことはもちろん、全人類が罪びととしての判決を受けたことであり、そして、ただ神のみが義とされ、神にのみ栄光が帰せられたことに他ならない。つまり、「神みずからが義となり、さらに、イエスを信じる者を義とされる」（ロマ3・26、口語訳）という事態が生起したのである。もう少し詳しく言えば、まず、御子キリストが「十字架の死に至るまで」（フィリ2・8）父なる神に「従順」であられ、御自身を十字架にお掛けになった。これは、全人類を（彼らの意に反して）「罪」とし、父なる神のみを「義」とし、父に栄光を帰したことを意味する。これに対して、父なる神は十字架上で死んだ御子を「義」として死人の中から甦らせ、栄光を与えられた（同9節)。キリストはその義を、わ

71 KD IV/1, S.231［『和解論』I/2, 99頁］、強調：引用者。バルトの正確な引用文は「裁き主が裁かれる」（judex judicatur）である。

れわれ一人ひとりに分け与えられるのである。「こうして、天上のもの、地上のもの、地下のものがすべて、イエスの御名にひざまずき、すべての舌が、『イエス・キリストは主である』と公に宣べて、父である神をたたえるのです」（同10-11節）とある通りになる。

さて、バルトは以上によって、ブルームハルトから受け継いだ「唯一のまことの神、主がいます」ということと、「その神はまことに恵み深い」ということを証ししたことになる。しかしもう一つ、それらと不可分に結び付いている、「その神は生きて働く神である」または、「イエスは勝利者である！」というブルームハルトから受け継いだ信仰——この言葉は、バルト神学の標語ともなるべき言葉である——は、まだ十分には展開されていない。

実際にこの最後の事柄について主題的に語っているのが、「和解論」第3部（KD IV/3）である（vgl. aaO, S.9, 576ff.［『和解論』III/1, 15頁、同III/3、233頁以下］）。しかし実は、「和解論」第1部（KD IV/1）において、バルトはその基礎付けをほとんどしてしまっている。それを見過ごすことはできないので、その説明をしたい。

われわれが前項の「裁き主が裁かれた」において語った事柄は、いわばイエス・キリストの十字架の意味である。これは『教会教義学』§59, 2でバルトが「われわれに代わって審かれ給うた者としての審判者」（Der Richter als der an unserer Stelle Gerichtete）という題で叙述した事柄である。それに対して、バルトが次の§59,3で「父の判決〔むしろ「審判」？〕」（Das Urteil des Vaters）という題で述べている部分が、イエス・キリストの復活の意味についての叙述であり、そして、われわれがただ今問題としようとしている、「イエスは勝利者である！」、または、「イエス・キリストは主権を持ってやって来る」という主題について述べようとしている部分の基礎付けとなる部分なのである[72]。

72　E.ユンゲルも、その優れたバルト神学の研究書Gottes Sein ist im Werden［『神の存在』］（巻末文献表47参照）で、この「父の判決」の部分はバルト神学の中で「『キリスト論的領域』から『人間論的領域』へと移り行く」重要な部分である、と指摘している。

確かに、イエス・キリストは「選ぶ神であり、かつ、選ばれた人」であるから、その十字架において全人類の救いに関わる出来事・事柄はすべて完了し、《既に》「成し遂げられ」（ヨハ 19・30）ている。しかし、よく考えるならば、十字架はキリストの死で終わっている。そこに父なる神の「甦らせ」――これは、この地上での裁判全体の「批准」（Bestätigung）と考えられよう――が加わって、初めて、十字架の出来事の主語・主格が三位一体の神御自身であったことが、天においても地においても明らかとなる。それはすなわち、この出来事が全世界に啓示される、という出来事に他ならない。すなわちこれにより、十字架において起こった出来事は――先ほどわれわれは、「神の絶対的な真理（Wahrheit）」という言い方をしたが――単なる神にとっての私的（プライベート）な真理ではなく、また、信ずる人々にとっての私的・信条的＝心情的な事実でもなくて、この世において現実に（wirklich）生起した公的（パブリック）な真理・出来事となったのである。すなわち、「神の真理」はこの世に公告され、全宇宙で通用する「福音」（喜ばしい知らせ）としての「世界史的な意味と効力」を持つ事柄であることが、明らかとなったのである。実際、あれから 2000 年経った今日では、日曜日ごとに世界の教会で「福音」が告げ知らされており、誰でも本屋で聖書を買って読めば、自分の一身上に起こった最大の謎の真相を探り知ることができるようになっている。

だから、復活は単に弟子たちにとって必要不可欠であっただけではない。もちろん、弟子たちにとっても必要であった。でなかったら十字架につまずいた彼らは雲散霧消していたであろう。だがそうならず、復活の主は彼らに顕れ、その呼びかけに応じて弟子たちの再結集が起こり（ルカ 24・33 参照）、120 人ほどの聖霊を求める熱い祈りの集団が結成された（使 1・14–15 参照）。50 日後に聖霊降臨が起こり、教会が生まれた。パウロが伝えている 500 人以上の弟子たちへの顕現（1 コリ 15・5 以下参照）も恐らく事実であったに相違ない[73]。

73　この伝承は、エフェソの教会で主の復活から 5 年以内には成立していた、との研究報告が出ている。H. Conzelmann, Gengenwart und Zukunft in der synoptischen Tradition. In: ZThK 54 (1957).

つまり、十字架の出来事は、復活によって、世界の真っただ中で起こり、公に告げ知らされた出来事となり、もはや誰も覆すことも否定することもできないものとなった。だから、「神の国は来た」と告げられるのである。

以上で、バルトの和解論の心臓部であるところの、普通に言われる「贖罪論」の紹介（KD IV/1の部分）は、ほぼすべて終了したと言える。もちろんバルトはこのKD IV/1の部分で、その他にも罪論、信仰義認論、教会論の一部など、贖罪論に付随する事柄を述べている。いずれも非常に示唆に富んだ興味深い部分であるが、ここでは割愛する。

これまでの贖罪論との違い

それでは、この福音がこれからどのように全世界に告げられてゆき、「神の国」が来、そしてそのことにおいて、事実において（*de facto*）「イエスは勝利者である」とのブルームハルト的な信仰が確立されるのであろうか。しかしその叙述に入る前に、ここでいったん、彼の「贖罪論」と、従来教会で宣べ伝えられてきた贖罪論や福音理解とは、いったいどこがどのように違うかについて、まとめをしておきたい。

はじめに教会の伝統的贖罪論の概要を述べよう。

伝統的贖罪論の中で最も正統的かつ代表的なそれは、神であられるイエス・キリストがすべての人間の「身代わり」となって彼らの罪を背負い、死の苦しみを担われて、この神の愛を信ずる者には神の「義」を与えてくださったという、いわゆる「刑罰代受（または代償）説」（Stellvertretungslehre, sacrifice- or atonement-theory）である。

その最も中心にある考え方は、例えば宗教改革者のマルティン・ルターの表現であるが、十字架上で罪びとの「罪」が神の子キリストに《転嫁》（imputatio）され、反対に、神の子キリストの「義」が罪びとに《転嫁》されることの中に、贖罪が成立しているとする。ルターはこれを「聖なる交換」、「喜ばしい交換」（der fröhliche Wechsel）と呼び、結婚式での指輪交換に譬えている[74]。「この教えこそは、われわれのために呪い（すなわち、神の怒りに価いする罪人）となられたキリストが、われわれをご自身の身にまとい、われわれの罪をご自身の肩に負って、『すべての人が犯した罪は、私が犯したのだ』と言われと教える」[75]と述べている。これがプロテスタント教会の正統的な贖罪論の原型となっている。

ちなみに、旧約聖書の中にすでに、《血による贖い》という基本観念が確立している。すなわち、罪は「血」によって贖われる。なぜなら、「血」は「命」の座であり、祭壇でその「血」が流されると、「命」が神に献げられたことになるからである。レビ 17・11 の次の聖句が典拠である。「生き物の命は血の中にある……わたしが血をあなたたちに与えたのは、祭壇の上であなたたちの命の贖いの儀式をするためである。血はその中の命によって贖いをするのである」とある。したがって、「血による贖い」は神御自身が定められた、永遠に有効なものである。ゆえにルターの場合、十字架上でお亡くなりになったのは「神」としてのイエス・キリストでなければならない。

この「血による贖い」（redemption）という考え方が、ロマ 3・21 ～ 26、ヘブライ人への手紙などで詳述され、一般に「祭儀的贖罪論」の名で呼ばれている（新約聖書には他にも幾つかの説明方式がある）。

問題はここからである。

伝統的贖罪論では、非常にしばしば、イエス・キリストは人間の「罪」ゆえに当人が負うべき「刑罰」や「苦しみ」を担われた、と解されやすい。その意味は、自分のために苦しみを負って死んでくださった神の御愛を知り、その御愛を受け入れて信じるなら、それまでに犯した罪がすべて赦されて「義」とされる、ということである。すなわちこの場合、イエスの贖罪愛はただそれを信じた人にのみ、有効となる。それゆえこれは、「刑罰代受説」と呼ばれる。

しかしバルトは、贖罪における刑罰の代受が十字架における最も重要

74　WA XL, S.443.［『ルター著作集第 2 集　11――ガラテヤ大講解・上』徳善義和訳、聖文舎 1985 年、418 頁］

75　AaO, S.442.［同頁］

な事柄なのではない、と力説する。むしろ、「罪の処分（または、除去）」の問題こそが重要である、と言う。「それ〔刑罰の代受〕は、もちろん真実なのではあるが、しかし、そのことは、イエス・キリストの苦難と死において起こった決定的なことがあって初めて、それから生じるのである。その決定的なこととというのは、われわれ罪人の代わりとなり給うた彼が死の中へと赴き、御自身の身において、罪人としてのわれわれに結末を与え、それと共に、罪そのものに結末を与えてしまい給うたということである」（KD IV/1, S.279［『和解論』I/2, 179 頁］、強調：原著者）、と述べる。それゆえ、バルトの場合には、「審判代受説」と言わなければならない。

従来の「刑罰代受説」との違いは明白であろう。従来説によれば、イエスの愛は人間がそれを受け入れない限り、効力（efficacia）を発揮できない。だから、人類の最終審判は「終わりの日」にまで延期される。それまでは、悔い改めるたびに犯した罪の赦しは与えられても、この地上の「時」は終わりの日を待つ刑の「執行猶予期間」（モラトリウム）のようなものである。終わりの日の「最後の審判」という《本審》がまだあるからである。本審で「第二の死」（黙 20・14）を言い渡される可能性が残されているのであれば、われわれの地上の生は依然として「試練の連続」であり、「死の陰の谷」を歩んでいるようなものとなる。「福音」とは「喜びのおとずれ」であり、聖書には「いつも喜びなさい。繰り返して言うが、喜びなさい」（フィリ 4・4、口語訳）と書かれているが、なかなかそのような気分にはなれないのである。

問題は、従来説では、神の愛を信じるか否かは人間の自由選択意志（liberum arbitrium）に委ねられていることである。だから、キリストの十字架は人間との相思相愛の関係を結ぶための単なる「機会提供」であるに過ぎない。最後の決定権は人間の手にあるから、《人間が神を選ぶ》という構造となる。このように、キリストの愛を人間同士の「愛」の類比から考え、単に人間の救いへの「機会提供」として宣べ伝えて来たのが、従来のキリスト教であった。ここにはやはり「自然神学」が入り込んだ痕跡がある。だから、決定的な意味で贖罪論が弱く、神の愛が不鮮明で、福音は弱かったのである（とバルトは考える）。なぜなら、神と人間が平等であれば、人間が拒否すれば、神は何もできない（滅ぼすことしかできない＝全能ではない）と考えられているからである。このように、神を人間と同じレベルの存在と考えるのは、自然神学が入り込んだからに他ならない。トマス・アクィナスは完全にそのように考え、「恩寵は自然を破壊せず、かえってその衰徴を補い、これを完成する」という神学原理を立てた。プロテスタント教会でも、同じような考え方をする人や教会は非常に多い。しかしそれでは、神の愛が本当に人間の《心》にまで届くかどうか、非常に疑わしい（とわたしは考える）。

バルトにとって、人類を罪から救うとは、最も根源的な意味において、罪の《力》から救うということでなければならない。バルトの場合、《力》という言葉で、大木英夫が述べた（本書25頁参照）、ブルームハルト的な、神が生きて働き、この世を変える《霊的な力》（1コリ4・20参照）のことが考えられていることを、われわれは忘れてはならない。したがって、バルトが贖罪論（KD IV/1）で最も重視するのは、「神ご自身による罪の完全な処分」である。バルトが考える神の救いにおいては、神はまず罪人を徹底的に裁き、裁くことによって徹底的に救う。それゆえ、バルトにとって、罪の力を完全に根こそぎ処断してしまうような救いでなければ神の救いとは言えない。

その結果として、世の中が次のようになることが真の救いである。「その日には、イスラエルは、エジプトとアッシリアと共に、世界を祝福する第三のものとなるであろう。万軍の主は彼らを祝福して言われる。『祝福されよ／わが民エジプト／わが手の業なるアッシリア／わが嗣業なるイスラエル』と」（イザ19・24～25、強調：引用者）。ここでは異邦の民が「わが民」と呼ばれている。そのようにして、選民イスラエルの果たすべき使命が果たされ、イスラエルも最後に救われる（ロマ11・25以下参照）。「そのとき、お前たちはわたしが主であることを知るようになる」（エゼ20・38他）。バルトはこれらの旧約の預言がいかにして成就するかを考えることが、神学の重要な課題であると考えているのである。

現在的終末論と将来的終末論

以上のことから、誰でもすぐに気づくことは、バルトにおいては、今から2000年前のイエス・キリストの十字架死において、彼御自身が「成し遂げられた」（ヨハ19・30）と宣言しておられるように、全人類の救いはその時点で成就し、世界歴史と天地創造の本来的な意味は完全に達成された、ということになる。このことをどのように考えたらよいかを、本項で考えたい。

というのも、御承知のように、イエスの復活・昇天後にすぐに再臨は起こらず、いわゆる「終末遅延」という事態が起こった（1テサ5・1以下参照）。今日から見れば、もう2000年も経ってしまったのである！

神学では、イエスの復活から再臨までの時間を「中間時」（Zwischenzeit）と呼ぶ。バルトのように、十字架の死において歴史が成就したとする捉え方をした場合、終末に至るまでにまだ残された「中間時」の歴史の意味は、いったいどのようになるのであろうか。

それを述べているのが「和解論」の第3部（KD IV/3）である。バルトの場合、「和解論」は単なる「贖罪論」プロパーの問題だけでなく、神と人間とのその後の「和解」の歴史をも扱うので、「和解論」という名称と表題を持っているわけである。そこのところを説明し、「イエスは勝利者である！」との彼のメッセージの意味を探りたい[76]。

「和解論」のこの第3部で、バルトは実は、アウグスティヌスが比較的晩年に著した大著『神の国』という書物で思索したと全く同じテーマを考察しているのである。すなわち、この世の国である「地の国」に対するキリストの御国である「神の国」の勝利、という問題である。「地の国」では、血で血を洗うような「万人の万人に対する闘争」（bellum omnium contra omnes、ホッブス）が到底やみそうにはない。しかしバルトは、「新しい契約の仲介者イエス、そして、アベルの血よりも立派に語る注がれた血」（ヘブ12・24）が現にこの「地球」というわれわれの住む

76　C. E. Gunton もその著 *The Barth Lectures*（巻末文献表50参照）で、KD IV/2 よりも KD IV/3 の叙述の方を先行させている。KD IV/2 の内容の紹介は本書136頁以下を参照。

大地に注がれた以上、「呪われた大地」（創4・11参照）はもはや存在しないと言う。「神の国」の実質は次第に「地の国」に浸食し、殖え広がる。バルト的に表現すれば、この世の「事実」（factum）という世界に対して、神の「真理」（それは今や、この世界の真の「現実」となった）が次第に勝利する、という主題である。バルトはそのリアルに実現する歴史とその意味を描きたいのである[77]。

繰り返しになるが、既に明らかとなったように、バルトによれば、キリストの十字架は無制約的・最終的に、すべての人にとっての有効性を有する。また、天に昇られた神・人イエス・キリストとその恵みの言葉は、今もこの世に「主権を持ってやって来る」（KD IV/1, S.150［『和解論 I/1』238頁］）。なぜなら、彼は「天においても地においても、いっさいの権威を授けられた」（マタ28・18、口語訳）ので、「神の国」の王としてこの地上の歴史の真の「王の王、主の主」（黙19・16）となられたからである。それゆえ今や、「神の国が来る」（マコ1・15参照）。

以上のことは、終末論（または、完成論）的に言うと、どのような結果となるのであろうか。初めにその点から述べてみたい。

バルト的な終末論は、伝統的な神学用語で言えば、「現在的終末論」（realized eschatology）と呼ばれる。主が十字架上で罪を滅ぼし、勝利され、救いは《既に》現在、成就しているからである。終末（世の終わり）は現在《既に》来、「神の国」は《既に》成就したのである。しかし、人間が見る「事実」の世界では、罪は決してなくなってはいないし、人間の歴史は依然としてあまりにも苦悩と悲惨と虚しさに満ちている。神の「真理」とは裏腹に、罪びとは今なお平気で罪を犯し続けている。「わたしたちはいまだに、すべてのものがこの方に従っている様子を見ていません」（ヘブ2・8）と聖書も明言している通りである。つまり、常識的に言えば、終末は終わりの日に来るので、「神の国」は《未だ》来てい

77　バルト神学には「歴史」がないと論難し、自ら『希望の神学』を書いたのはモルトマンである（J. Moltmann, Theologie der Hoffnung, Chr. Kaiser, 1964, 43ff.［J. モルトマン『希望の神学――キリスト教的終末論の基礎づけと帰結の研究』高尾利数訳、現代神学双書35、新教出版社、1968年、50頁以下］。もちろんこれはモルトマンの（決して意図的ではない）大きな誤解である。同じ轍をW. パネンベルクも踏み、「歴史の神学」を構築しようとした。

ないという考え方がやはり通用する。こちらの方は、神学では「将来的終末論」（future eschatology）と呼ばれる。この考え方は、「事実」の世界や「歴史」を重視する時に、ぜひとも必要となってくるであろう。

「現在的終末論」と「将来的終末論」とでは、まず、終わりの日のイメージが著しく違ってくる。特に、「最後の審判」のイメージが全く違ってくる。「将来的終末論」によれば、主はようやく世の終わりに再臨され、「最後の審判」を行われる。その時われわれの行為は一つ一つ天秤にかけられ、善悪がプラスマイナス相殺され、人々は天国と地獄に振り分けられる。「使徒信条」には「（主は）かしこより来りて、生ける者と死ねる者とを審きたまはん」と告白されているが、この信仰箇条は教会では、大体において「将来的終末論」の線で理解されてきたのではないか。それは、いわゆる「勧善懲悪」という世俗的な倫理観と最もよく調和していて、一般にも受け入れられやすい。

これに対して、「現在的終末論」によれば、「生ける者と死ねる者と」が裁かれるとは言っても、神にとって永遠に唯一度限りで有効な（ヘブ9・26）裁判は《既に》2000年前に済んでいる。その結果神の子が既に殺されて死んだだけでなく、父なる神がそれを「よし」として批准され、最終的に有効なものと確定した。したがって、次のように考えられなければならないはずなのである。すなわち、将来的終末論が思い描く終わりの日の「最後の審判図」は、根本的に現在的終末論から解釈され直されなければならない。すなわち、終わりの日には、単に「判決書」が交付される、ということとなろう。つまり、既に完結した神の裁きと救いを、まだそれを信じないで言い逆らっている人びとや、そもそも告げられてさえいなかったのでまだ知らないでいる人々（この中には、イエス以前に生きていた無数の人びとも当然含まれている）を含めて、あまねく全人類の前で、もはや無視も否定もできない仕方で最終的な有効性を持つものとして啓示され、告知されるという出来事が起こるのである。これがバルトの「最後の審判」についての理解である（本書156頁以下参照）。

例えば、ローマのバチカン宮殿のシスティーナの礼拝堂に、ミケランジェロが描いた「最後の審判」の祭壇壁画がある。これについてバルトは、「キリストが拳をかためて現われ給うて、左側にいる者たちに眼を注ぎつつ、右側に坐る者たちを左側に坐る者たちから分かち給う[78]」という伝統的な二分割図は、不正確で誤ったものであると述べている（マタ25・31以下参照）。全く違ったものに訂正されなければならなくなったわけである。また、聖書の中にも、そこで神に逆らい、悪を行った者は永遠の刑罰を受けるということは随所でかなり明確に述べられているが、このような言い方が、完全に無視されてもよいわけではもちろんないが、実は聖書独特の「勧告的・警告的用法」（本書88頁以下参照）ではないかどうかが、もう一度真剣に神学的検討に付されなければならない、とバルトは考えるのである。

要するに、「現在的終末論」は、神の子の死を無限に重視し、そこに三位一体なる神の永遠の栄光があると考えているから、それを基準に考え、そこから、従来の「将来的終末論」の中の勧善懲悪的な部分は修正されて然るべきである、とバルトは考える。なぜなら、バルトの考え方では、「現在的終末論」は無条件に真理である。そして、「現在的終末論」が真理である時にのみ、「将来的終末論」が真理となり得る。というのも、父なる神の永遠の御心とは、「すべての人が、父を敬うように、子をも敬うようになる」（ヨハ5・23）ことだからである。御子の十字架なしに終末は絶対に来ないのと同様、神の十字架の御愛がすべての人によって重んじられる時、初めて、三位一体なる神に永遠の栄光が帰せられ、歴史は完成するのである。それゆえ、将来的終末論は、それ自体で真理となることはできない。つまり両者は、前者の力によって、後者が実現する、という関係である[79]。なぜならば、人間の真の幸福も、世界の平和も、すべてはキリストの十字架の出来事の上にのみ築かれ、実現される、というのが、三位一体なる神の永遠に変わらない御心だからである。もちろん、罪びとはそのようには考えないであろう。罪びとは依然として、自分たちが見ている「事実」の世界こそが真実で、それを自分

78 『教義学要綱』（巻末文献表参照）、166頁。

79 それゆえにコーリン・ガントンは、このバルト的な終末論を「実現され、期待された終末論」（realized *and anticipated eschatology*）と呼んでいる（The Barth Lectures, p.210）。けだし、かなり正確な言い方といえよう。

たちの力で完成させることによって、「世界平和」も「人類の幸福」も実現できると妄想している。それだから、「神は要らない」と考え、あいかわらず「万人の万人に対する闘争」をくり広げている。しかし、それはまさしく「砂上楼閣」であり、最初から不可能なのである。

バルトは将来的終末論をも決して無視せず、むしろ同等に重視する。聖書が決して、《未だに》神の御支配を認めていない人々が大勢いるという《事実》の次元を無視していないからである（ヘブ2・8参照）。この考え方は、「歴史」や「人間の事実」の世界を大切にする時に、ぜひとも必要となってくる。言い換えれば、人びとの「幸福」や神による「平和」（シャーローム）の実現を大事にする時に、ぜひとも必要となってくる。もし、歴史の《事実》という次元を忘れて、信仰の次元のみでしか考えなくなると、神をも隣人をも愛することができないで、ただ裁くことしかしない自己中心的な信仰者となってしまう。真の意味で「信仰と、希望と、愛」（1コリ13・13）の世界に生きることができなくなるのである。

キリストに従うこと

さて、これまでに述べられたことが、バルトのいわゆる「贖罪論」プロパーの部分であり、『教会教義学』の第4巻（「和解論」）第1分冊（KD IV/1）がその叙述に宛てられている。次の第2分冊（KD IV/2）の部分は、今までに述べられたような神の子の十字架と復活の恵みに対して、人間はどのような恩恵と救済を享受したことになるのかを主題とする。第1の局面（KD IV/1）で主題であった事柄は、神であるキリストの受肉と十字架であった。それによってわれわれの「罪」が赦され、神によって「義」と認められた。これを「義認」（Rechtfertigung）と言う。第2の局面（KD IV/2）では、その罪びとが「古い自分」の罪深い生活を捨て、「新しい自分」として生きる「御国への帰還」の道程が描かれている。ただし、この「帰還」もまた、神の真理においては、すなわち、権利上は（de iure）、われわれ無しに（sine nobis）成立している。イエス・キリストの「人性」の（神による）復活と高挙に伴って、すべての人は本来、神の絶対的な「真理」（Wahrheit）においては、死人の中から甦り、高く挙げられ、天にいます父なる神の御許に――ちょうど、ルカ15・11以下の「放蕩息子」が父の御許に帰るように――帰還した、と考えられるからである。もちろん、現実の罪びとなる人間は、《事実》としては今なお罪の世界を徘徊している。しかし、人間はキリストを信ずる信仰さえ持つならば、いつでも父なる神の御許への帰還が彼自身の《現実》となる状況にあるのである。そして、それらが実際にどのようにして《事実》として一人ひとりの人間の出来事となるかという問題は、「和解論」第3の局面（KD IV/3）で論ぜられるのである。

第2の局面で扱われる問題は、第1の局面の問題が「義認」（Rechtfertigung）の問題であったとするなら、「聖化」（Heiligung）の問題である。平たく言うと、「救われた人間はこの世でどのような生活をしたらよいか」という問題である。すなわち、「わたしたちは、今既に神の子ですが、自分がどのようになるかは、まだ示されていません。しかし、御子が現れるとき、御子に似た者となるということを知っています」（1ヨハ3・2）、と言われているように、日々キリストとの祈りにおける霊の交わり（communio）に与り、キリストの御心を常に己が心としようとする時に、「朱に交われば赤くなる」の諺にあるように、次第に心も思いも行いもキリストに似てくるという主題である。もちろん、キリストに似る者へと聖化されると言っても、神となる（神化する）わけではない（KD IV/2, S.24, 77, 96 uö［『和解論』II/1, 40, 127, 157頁以下他］）。しかし、人間は「神の本性に」（2ペト1・4）与らせていただけるのである。

なお、ここの部分は、彼が改革派教会の神学者として、主としてカルヴァンから受け継いだ信仰であると言ってあまり大きな間違いはない（ついでに、非常に大雑把な言い方になるが、カルヴァンがルターの最も忠実な弟子であり、その神学の完成者であったように、バルトはカルヴァンの最も忠実な弟子であり、その神学の完成者であったとわたしは考えている――もちろん、予定説をも含めて）。本書は「バルト神学入門」であるので、紙幅の関係もあり、今までほど丁寧に書く必要はないかと思う。読者の御了解を得たい。

ところで、宗教改革以来、「義認」の問題はプロテスタント教会の専売特許であり、それに対して、「聖化」はカトリック教会の専売特許であった。例えば宗教改革者のルターは、信仰により義とされる喜びや「キリスト者の自由」については誰よりも多くを語ったが、信仰者がどのような「善い行い」をしたらよいかについてはあまり語っていない。人々が再び律法主義に逆戻りすることを恐れてあまり語らなかった。ただ、「あなたがたは、自由を得るために召し出されたのです。ただ、この自由を、肉に罪を犯させる機会とせずに、愛によって互いに仕えなさい」（ガラ5・13）の聖句に従って、「キリスト者の自由」と「愛の律法（マタ22・34以下参照）」の二つだけを強調した。だから、ルター派教会は彼にならって「信仰義認」を「最も枢要な教理」（Kardinaldogma）としたが、「聖化」や「理想のキリスト者像」についてはあまり語らない。

これに対して、カトリック教会は――特に、「対抗宗教改革」の目的で開かれた「第1トリエント公会議」（1545-63年）以降は――ますます「聖化」を強調した。それゆえ、ローマ・カトリック教会には、修道院の歴史も含めれば非常に長い「聖化」の歴史と豊かな伝統がある。「キリストに最も近い人」と言われたアッシジのフランチェスコやマザー・テレサなど、日本人の誰からも好感を持たれるペルソナも多い。カトリック教会とプロテスタント教会の最大の対立項目は、実質的には、この「聖化」を強調するかどうかである。

しかしながら、実際のキリスト者の生活を考えると、人間が「律法主義」に陥らず、さりとて「無律法主義」にも陥らずに――パウロが「断じてそうあってはならない！」（ロマ6・2参照）と幾度も繰り返す声が聞こえて来る！――、神を愛し隣人を愛する生活に励むということはなかなか困難である。実際には、「キリスト者の自由」はいつのまにか「恣意的自由」となり、怠惰で自己中心的な信仰者が生まれやすい。

カルヴァンはその点をよく理解していたから、彼の『キリスト教綱要』では、「信仰義認」の教理は最初には置かれていない。むしろそれは、「聖化」について論じる大枠の中で[80]、途中から論じられている[81]。つまり、聖化⇨義認という順序である。また、キリスト者の「善い行い」を積極的に説くために、「律法の第三用法」を説いている。改革派教会の神学者であるバルトもカルヴァン同様、「義認」の目的は「聖化」にあるのだから、「聖化」は「義認」なしには決して起こり得ないが、「義認」にとどまるべきではないことを強調する（KD IV/2, S.565ff. [『和解論』II/3, 217頁以下]）。

「律法の第三用法」については既に短く述べたが（本書88頁以下参照）ここでもう少し詳しく説明しておきたい。律法の「用法」（usus）とは、神が人間にそれを与えた正しい「意義」に従って教会の中で正しく用いられるべきだ、という意味である。でないと、律法が再び罪びとによって己を義とするための道具として悪用される。律法は元来、神の「聖なる」、「善い」、「霊的な」言葉である（ロマ7・12, 14）。しかし罪びとがこれを悪用すると、「呪いの律法」（ガラ3・10参照）となり、その人をがんじがらめに縛って苦しめることになる（同5・1参照）。

律法の第一用法は、「市民的用法」（usus civilis）と呼ばれ、キリスト者であれ非キリスト者であれ、人間が市民生活において暴虐なふるまいを起こさないよう威嚇するために用いられる。例えば「殺すなかれ」などである。第二用法は、ルター派で最も重視され、特別に「神学的用法」（usus theologicus）と名付けられている。これは、人間に己の罪を自覚させ、キリストの救いを心から求めさせ、かくして「わたしたちをキリストのもとへ導く養育係」（ガラ3・24）の務めを果たす役割である。例えば、十戒に「姦淫してはならない」（出20・14。なお、マタ5・27以下参照）とあるが、人間はそれによって己の中に巣食う罪性に目覚め、キリストの救いをあえぎ求めるようになる。

ルター派ではここまでしか説かれない。したがって、すでにキリストを信ずる信仰に導かれた者は、もはや律法を必要としない、という誤解に陥りやすい。旧約聖書を読まない信者も多いと聞く。

80　CR III, 3, 1sqq.
81　Op. cit., 11sqq.

これに対して、カルヴァンは「律法の第三用法」（tertius usus legis）を説いた。これは、既に救われた者が「聖化」と「召命」の生涯を歩むために、彼らの王であられるキリストからキリスト者に与えられた「指針」または「訓令」（Weisung）の役割を果たす、という意味である（KD IV/2, S.293ff. [『和解論』II/2, 195頁以下]）。この訓令によって、キリスト者は与えられた「自由」の中で愛と赦しと召命に生きることを教えられる。

バルトもまた、カルヴァンと同じ意味合いにおいて、キリストの血によって贖われたキリスト者の尊い命が無駄にはならないために、彼らは①キリストの「自分を捨て、自分の十字架を背負って、わたしに従いなさい」（マコ8・34）の呼びかけに応えて随従し（aaO, S.603ff. [『和解論』II/3, 277頁以下]）、②悔い改め（aaO, S.626ff. [同313頁以下]）、③愛の業に励む（aaO, S.660ff. [同367頁以下]）ことを語っている。最後に④「十字架の誉れ」（aaO, S.676ff. [同393頁以下]）について語っている。

興味深いのは、バルトが2番目の「悔い改め」（Umkehr、いわゆる「回心」）よりも前に、まず「随従」（Nachfolge）を真っ先に挙げていることである。「随従」とは、イエスの後に従うことである。まず、イエスに従う生活がなければならない。その中で更に具体的に、ますます悔い改めと信仰が深められ、罪の赦しの恵みのありがたさがいよいよ深く認識されるからである。この順序は実際のわれわれの信仰上の経験ともよく一致しているのではないか。また、このバルトの考え方からするならば、日本の教会で時々行われている「未受洗者にも開かれた聖餐」は、あり得ないことになる。まず「自分を捨て、自分の十字架を背負って、わたしに従いなさい」（マコ8・34）と招かれているのであるから、まず生前のイエスに従って洗礼[82]を受け、新しいキリスト者生活を始めるべきであり、そのような決心もなしに聖餐の交わりに入るべきではないのである。

バルトが義認と聖化の問題に関してカルヴァンの伝統に従っている

82　バルトにおいて救いは、2000年前のキリストの出来事において客観的には既に完全に成就しているのだから、「洗礼」は救われる条件ではない。しかし、だからと言って受けなくてもよいのではなく、キリストに従う服従の真っ先に教えられている（vgl. KD IV/4）。

ことは、賢明であると考える。それは、神は救われた人間がいつまでも罪と悲惨の状態の中に低迷徘徊し、人類が「破壊と悲惨の道」(ロマ3・16参照)を歩み続けることを望み給わず、神の御許に立ち帰り、神のものとして「平安」(シャーローム)の中で生きることを欲し給うに相違ないからである。「わたしたちは神の作品であって、良い行いをするように、キリスト・イエスにあって造られたのである。神は、わたしたちが、良い行いをして日を過ごすようにと、あらかじめ備えて下さったのである」(エフェ2・10、口語訳)と記されている通りである。それゆえバルトは、改革派の神学者にふさわしく、教義学が「神について語る」時、そのあとで必ず「倫理学」を付している。例えば、「神論」の後に倫理学があり(KD II/2, S.564ff.［『神論』II/3, 3頁以下］)、「創造論」の直後にもあり(KD III/4［『創造論』IV/1-4］)、「和解論」の最後にも付いている(KD IV/4, Fragmente aus dem Nachlaß［『和解論』IV］)。特に創造論の最後に付せられた倫理学は、現在教会の中で最も信頼に足るキリスト教倫理学の一つとしてひろく愛読されている。

バルトがキリスト者の聖化の問題を重んじたということは、改革派とルター派とでどちらが優れているか、といった問題ではない。バルトは世界教会の一致(いわゆるエキュメニカル運動)には深い関心を抱く神学者であり、この問題はその観点から見て非常に重要であると思われる。バルトがローマ・カトリック教会への敬意を失ったことは一度もなかった。カトリック教会も彼の神学には非常に期待しており、H. U. フォン・バルタザール、H. ブイヤールなどの多くの優れた研究者を輩出している。第2バチカン公会議の第3期セッションでは彼はオブザーバーとして招待されていた。将来、ローマ・カトリック教会とプロテスタント教会とが語り合う時、キリスト者の聖化の問題は当然その最も重要な焦点となるであろう。そして必ず、「義認」と「聖化」の関係が問われるであろう。その時、カルヴァンの「二重予定説」を修正したバルトの神学が律法の第三用法を肯定しているので、重要な役割を果たすに違いない[83]。

83 なお、国連が毎年実施する「世界幸福度ランキング」調査では、北欧のルター派諸国が軒

「イエスは勝利者である」

さて、バルトが「和解論」第 3 部（KD IV/3）で取り扱っている問題は、まさしく神と人間との「和解」プロパーの問題である。われわれは既に、本書 126 頁以下で、この主題に関する神学的基礎付けが「和解論」第 1 部の「父の判決」（KD IV/1, §59,3［『和解論』I/2, 234 頁以下］）のところでなされていることを述べた。すなわち、神の真理において「法的には（de iure）」既に罪赦され、高く挙げられた人間が、「事実において（de facto）」も悔い改めて神の御許に立ち帰るという問題である。われわれはもう一度、このテーマを主題的に扱いたい。なぜなら、ここにバルトがブルームハルトから受け継いで彼自身のものとした福音の最大の特長である、「神は今も生きて世を御自分と和解させ、働き給う」という主張が最も強く表れていると思われるからである。

これは、《事実》の世界（歴史）を重んずる考え方である。この考え方は、確かに人間の当たり前の考え方でもあるが、決してそれだから神学的に重要である、ということではない。そうではなくて、すべてのことをお決めになる父なる神御自身がそのために「中間時」という「時」をお備えになられたから、神学的に重要となるのである。慈愛の神は、罪びとを忍耐して待つことがおできになる（2 ペト 3・8–9 参照）。この「忍耐」をバルトは神の愛の諸完全性の一つに数えている（本書 92 頁参照）。すなわち、神は罪びとが自ら悔い改めて神に帰ることを待つことができ、その人が死ぬまで待つことも、神にはおできになる。だから神は、罪びとには悔い改めの「時」を与え、教会にはその間中、キリストのパートナーとして共に働く福音宣教の「時」をお与えになられたのである。そのために、神は人類に「時間」と「命」を与えられ、キリスト者には「召命」をお与えになった。それが「中間時」である。ただ

並みに毎年ランクが高い。これは、ルター派が「律法の第三用法」を説かないからではなく、「キリスト者の自由」と「愛によって互いに仕えなさい」（ガラ 5・13）を繋げているからであろう。これに対して、カルヴァン派には二重予定説があるので、社会の「福祉」よりも個人の「自己責任」の発想法が前面に出やすいのではないか。バルト的な「恵みの選び」はその修正となろう。もっとも、バルト的な「恵みの選び」を国是とする国家はまだ現れていない。

し、ちょうど「将来的終末論」の中の「最後の審判」の意味が「現在的終末論」から神学的に抜本的に解釈し直されなければならなかったように、「中間時」の意味も、徹底的・抜本的に捉え直されなければならない。すなわちそれは、まさに、すべての被造物が神に立ち帰る「途上にある」(unterwegs) 時間、その「運動」(Bewegung) の中に置かれた時間、それのみのために意義づけられた時間として捉え直されなければならない。しかも、この「捉え直し」の対象は世界の歴史全体だけでなく、一人ひとりの人間の人生とその残り時間全体に及ぶのである。すべては「成し遂げられた」(ヨハ 19・30) の聖句から、そして、「イエスは勝利者である」という観点から捉え直されなければならない。

もちろんその結果、罪は《未だに》犯され続け、人類の悲惨さは依然として目を覆うばかりであり、歴史は《未だに》完了しないことになる。しかし、神はいわば、暴力によらず、御言葉によって人類を説得なさる道をお選びになったのである。人類が御子に栄光を帰するまでは、終末は来ない。「中間時」は、これからまだまだ長く続くのかもしれない。

バルトが和解論のこの部分 (KD IV/3) で扱っているテーマは、既に述べたとおり、アウグスティヌスの『神の国』と同じく、「地の国」に対する「神の国」の勝利と実現である。だが、その方法論はアウグスティヌスと違い、非常に自覚的にキリスト論的 (christologisch) である。「われわれは、彼、イエス・キリストは生き給う、という命題で始める」(aaO, S.41ff.〔『和解論』III/1, 62 頁以下〕) と冒頭で宣言されている。それは「キリスト論的」であると同時に、「復活論的」である。

アウグスティヌスの場合には、必ずしも方法論的な自覚はない。彼の『神の国』全 22 巻は非常に魅力のある、まさしくキリスト教の「古典中の古典」と呼ばれるにふさわしい作品である。特にその冒頭の、蛮族に凌辱された修道女が自殺した場合、天国へ行けるかどうかという問題[84]は、当時の蛮族に侵略されたローマの歴史的《事実》において誰にも身近でリアルな「悪」の問題であり、アウグスティヌスはこの現実に存在する「悪」の問題をキリスト教信仰から歴史神学的に思索するとい

84 Augustinus, De civitate Dei, I, 7 sqq.

う大問題に挑んでいるわけである。ただし、自覚的にキリスト論を基礎に置いてはいないから、例えば、悪の起源を堕落した天使に見る[85]という、必ずしも聖書にはない考え方の闖入を許してしまっている。トマス・アクィナスも基本的にはアウグスティヌスを踏襲している[86]。アウグスティヌスはさすがに若いころ、マニ教との格闘の末キリスト者となったという経歴の持ち主であるだけに、悪の起源を問うことはすべきではないとしているが[87]、「悪」を原理化してしまう危険性がどこかにある。また、その「悪」を克服する神の霊的「力」が「神の言葉」たるイエス・キリストとその復活の出来事にあるということを鮮明にすることができない[88]。アウグスティヌスもトマスも、歴史哲学的な考察に頼っているので、必ずしも聖書的・神学的な考察とは言えないきらいがある[89]。

バルトがこの部分（KD IV/3）で対決している問題は、aaO S.18ff.［『和解論』III/1, 29頁以下］で細かい字で丁寧に述べられているように、「世俗化」（Säkuralarisierung）の問題である。この問題は、西洋ではすでに14-15世紀、あるいはそれ以前から始まっていて、今日ではほぼグローバルな現象となっている。それは今日では、特に顕著に、キリスト教信仰の中から「神」という部分を全部取り除いたヒューマニズム（人文主義）という形において全世界を席巻している。人々は、少なくとも19世紀の終わり頃までは、「人間は神なしにも十分にやっていける」と固く確信していた。その代わり、自分を神とした。ただし、20-21世紀に入り、その人類社会全体が今や行きづまり、次第に「破壊と悲惨」（ロマ3・16）の道を進んでいるのではないかという問題意識も、少なからぬ人々が共有するようになった。バルトはそのような状況の中でキリスト者の「召命」を考えており、聖霊論の下に「教会形成」や「伝道」を考えて

85　Op. cit., XI; XII, 6.
86　ST I, QQ48-49.
87　Augustinus, op. cit., XII, 7.
88　バルトの場合、「悪」の問題はKD III/3で扱われている。本書では割愛した。
89　わたしのみたところ、コーリン・ガントンはこの点を見逃しており、その結果、バルトがなぜキリスト論に固執しているかを理解せずに、安易に「聖霊論の軽視」「キリスト論的偏重」「二位一体論的」（binitarisch）とする一般の見解に同調しているように見える。Cf. Gunton, *The Barth Lectures*, p. 212.

いる。この世俗化の問題に実に1000頁以上の頁数を割いており、キリスト者のみならず、全人類の希望が那辺にあるかを明らかにしようとしているのであるから、バルトが伝道を重んじていないなどとは決して言えないことに注意したい[90]。むしろ、今日の世界最大の問題は、欧米のキリスト教が伝道をあまりにも怠ってきたゆえに、世界中の人々が「神なしにも人間はやっていける」と考え、「万人の万人に対する闘争」から抜け出すことがますます困難となった、「世俗化」の問題ではないか。

さて、バルトは和解論のこの部分（KD IV/3）の叙述を、天に昇られた神・人イエス・キリストが、**今この被造空間の中でわれわれと共に生きて働いておられる**、というキリスト論の命題によって基礎づけている。それはイメージ的に言えば、われわれ全人類は皆現在、ルカ24・13以下の「エマオの弟子たち」と同じ立場と状況の中にいるという、驚くべき神学的主張に他ならない。それは、「どのような世界像によっても予見されることはあり得ないし、どのような世界像に組み入れられることもあり得ない」（aaO, S.361［『和解論』III/2、257頁］）、全く新しい歴史観、世界観であることに、バルトはわれわれの注意を向けさせる。

伝統的な神学におけるキリスト理解は、彼がもうわれわれとは遠く離れて「天に」去ってしまい、いつ再臨なさるかは全く分からず、今はただヘーゲル流に理解された「聖霊の時代」であり、キリスト者も非キリスト者も皆自分の力と才覚で生きるより他にない、といった非常に曖昧なものである。その淵源を遡れば、アウグスティヌス・トマス流の形而上学に頼った「神の国」論に至らざるを得ないであろう。しかし、その歴史理解・時間理解は聖書の「主はすぐ近くにおられます」（フィリ4・5）という信仰内容とはかなり違っている。バルトはこのような伝統

90　近藤勝彦はその著『キリスト教教義学 下』教文館、2022年、197頁以下でバルト神学では「伝道」の位置が低いと言っているが、バルトは近藤が指摘しているKD IV/3, S.999ff. では、単に「内国伝道」（innere Mission）のことを語っているだけで、これをもって、バルトが「伝道」を重んじていないとは言えない。とはいえ、近藤勝彦が日本における伝道の急務を訴え続けてきた功績は、決して小さなものではない。二人とも伝道が教会の重要な使命だと言っているのである。

的な「現在」の理解を訂正し、イエス・キリストはわれわれ一人ひとりと《共に》、その「極めて近くで、《われわれの真の隣人として》生きておられる」ことに注意を促している。これは信徒の信仰理解とも近いであろう。信徒は「今は聖霊の時代である」という抽象的な考え方はせず、イエス・キリストが自分と共に生きておられ、共に（または、自分に先立って）戦ってくださると信じ、このキリストに祈り、従う。「わたしは、あなたがたをみなしごにはしておかない。……しばらくすると、世はもうわたしを見なくなるが、あなたがたはわたしを見る。わたしが生きているので、あなたがたも生きることになる」（ヨハ 14・18−19）と信じ、「あなたがたには世で苦難がある。しかし、勇気を出しなさい。わたしは既に世に勝っている」（同 16・33）との御言葉に力づけられている。そして、「イエス・キリストを見たことはないが、彼を愛している。現在、見てはいないけれども、信じて、言葉につくせない、輝きにみちた喜びにあふれている」（1 ペト 1・8、口語訳）。聖霊とはまさにこのイエス・キリストの御臨在なのである。この考え方は決して「二位一体論的」（binitarisch）とは言えないであろう。

バルトがこの「和解論」第 3 部で強調しているのは、天に上られたイエス・キリストは、今日においては、彼から派遣された「聖霊」という存在様式において、われわれのただ中に「現臨」（real-presence）しておられる、ということである。バルトの「イエスは生きている」という命題の展開を、読者はあの「エマオの弟子たち」のイメージを思い浮かべながらお考えいただきたい。バルトによれば、イエスがわれわれと共に生き給うその「現臨」（real-presence）の「形」（Form）は 3 通りある。まず、復活して 40 日間弟子たちに現れた時の現臨という第 1 の形と、中間時における聖霊の注ぎとしての現臨（第 2 の形、1 コリ 13・12a 参照）と、終わりの日に再び来られる時の現臨（第 3 の形、1 コリ 13・12b 参照）との三つである。しかし、重要であるのは、これら三つの本質は全く同一である（KD IV/3, S.338ff.［『和解論』III/1、222 頁以下］）ということである。ゆえに、われわれにとっての最大の意味を有する「中間時における現臨」の形（第 2 の形）は、絶えず第 1 及び第 3 の形から理解されなければならない。すなわち、このいずれの「形」においても、復活者キリストは全き神であり、全き人として生きておられる。彼は特にこの中間時においては、彼ら一人ひとりの同時代人、否、最も身近な隣人として生き、語りかけ、働いている（vgl. aaO, S.41-43［同 62-66 頁参照］）。キリストは御自分について証しをし、われわれの信仰を促しておられる。

もちろん、その際イエス・キリストは見える姿で一人ひとりの前に現れ給うわけではない。しかし注意すべきことは、彼が全人類にとっての最も身近な隣人となられることによって、彼らは自分たちが生まれてから死ぬまでに出会うあらゆる隣人たち——親、兄弟、学友等々——を通し、すべての出来事と人生経験を通して、以下のことが自分たちに繰り返し告げられる領域内に生きていることになる、ということである。すなわち、「（彼らの存在と生の意味に関して）彼らは《既に》キリストのものである、という取り消し不能の・最終的に有効な神の判決が下されている」と。だから、われわれは絶えず主から、あなたは古い自分に死んで、新しい自分に生き返りなさい」との恵み深い御言葉を語りかけられている。誰でも一人の人間として生きるということは、「この一人のお方の——したがってこの主であり僕であるお方の隣人として、その領域の中で生きることである」（aaO, S.43［同 65 頁］）。

もちろんこの言葉は、特に教会の礼拝において、また、信徒が聖書を読むこと、その他でも語られるであろう。しかしバルトは、主が単にキリスト者にだけでなく、全人類に語っていることを強調する。なぜなら、彼らは皆「彼の力（Macht）の領域の中にあり、したがって……彼の言葉（Wort）の領域の中にある」（aaO, S.130［同 195 頁］）からである。なぜならば、バルトによれば、イエス・キリストの預言者職に伴う御言葉の支配領域は、「教会の壁」の外の、全被造領域に及ぶ（vgl. aaO, S.130［同 195 頁参照］）からである。

次に重要であることは、このイエス・キリストとその御言葉は、この世界と一人ひとりの人間にとっての、ただ一つの「命の光」（das Licht des Lebens, ヨハ 8・12 参照）だということである（aaO, S.40ff., 95ff.［同 61 頁以下、142 頁以下］）。言い換えるならば、イエスが人間一人ひとりに語る言葉は、「われわれが聴くべき、また、われわれが生と死において信頼し服従すべき神の唯一の言葉」（「バルメン宣言」第1項）なのである。このことは、われわれ人間の他の諸々の言葉や諸々の真理――例えば、自然科学的真理など――がこの世の被造的生を生きる上で必要であり、その限りにおいて真理や光であり得るということを、必ずしも排除しない（KD IV/3, S.122-188［『和解論』III/1, 183-277頁］）。他宗教が語るさまざまな真理契機や諸々の世俗的真理や「常識」（common sense）等々を、バルトは必ずしも否定せず、むしろ肯定している。なぜならば、それらの諸真理は神の唯一の真理であるイエス・キリストの力（Macht）の支配下にあるからである。したがってそれらは、何らかの意味で「イエス・キリストがわれわれが生と死において信頼し服従すべき神の唯一の言葉である」ことを指し示し、証ししている限りにおいてのみ、暫定的・断片的で、その上不明瞭でおぼろげな真理や寂光となり得る。もちろんそうでない部分においては、それらは虚偽である。

そのようなたくさんの言葉に囲まれる中でわれわれ罪びとは、神の唯一の言葉を「認識しつつまだ認識せぬ者であるが、しかし、まだ認識せぬ者でありつつすでに認識する者でもある。彼は、その認識の中にありつつ、まだその無認識によって煩わされ阻まれているが、しかし、その無認識の中にありつつ、開始しているその認識によって、すでに見いだされ、驚かされ、反対の方向へと動かされている」（aaO, S.225［『和解論』III/2、58頁］）。罪びとはキリストの真理の言葉に対して、自らの虚偽の言葉をもって抗おうとするであろう。その時、自ずと戦いが生ずるであろう（aaO, S.196ff.［同14頁以下］）。これは、キリストが暴力によらず、言葉によって説得しようとなさるからである。

さて、最後にわれわれがバルトと共に語らなければならない事柄は、「イエス・キリストは勝利者である」ということである。それは、彼の真理の言葉は単に「力」であり「光」であるだけでなく、「愛」の言葉であり、イエスは完全な愛において、罪に勝利されたからである。というのも、彼は十字架から降りようと思えばいつでも降りることができた。

しかし、最後まで降り給わなかったことによって、罪に決定的に勝利された。人間の罪よりも強いものが、この世にたった一つだけ存在する。それは、十字架の愛である。それのみが、この世界を変える神の真の力（Macht）である。それだから、イエス・キリストは最終的に罪に勝利なさるのである。

キリストは、この「善き戦い」に、御自分の者たちを召し、御自分の言葉による戦いに参加させ給う。それはキリストが、われわれキリスト者を父なる神の善き「秩序」に共に従わせようとする「彼の良き御意志」（aaO, S.381ff.［同285頁以下］、強調：原文）であるから、われわれはその召しに応答し、彼の戦いに参加すべきである。キリストは彼の者たちを必要とし、彼らに御霊を注ぎ、彼らが福音を宣べ伝えることを先導し給う。それは、彼らが主の御苦しみにも共にあずかり（フィリ1・29、コロ1・24参照）、勝利と栄光にも共にあずかるためである。かくして、「高きところ」からだけでなく、深き「淵から」（per nefas）も神への讃美が沸き起こるであろう（aaO, 385ff.［同290頁以下］）。

三位一体なる神の御心は永遠に変わらない。それは、この御子イエス・キリストの十字架の栄光が輝き出ることであり（ヨハ5・23参照）、そして、この出来事の上にのみ、「神の国」を建てることである。それゆえバルトは、この「イエスは勝利者である」という表題を付けたKD IV/3, §69, 3の叙述の中で、再び父ブルームハルトに言及し、悪魔の口から出た呻くような声（本書22頁参照）であったとされる「イエスは勝利者だ！」（Jesus ist Sieger!）との言葉に言及し（aaO, S.192ff.［同9頁以下］）、こう言う。「われわれは、あの言葉を聞くであろうか。あるいは聞かないであろうか。この問いだけが――この霊的な問いだけが」（aaO, S.196［同14頁］）唯一重要な問いである、と。

バルトの「和解論」の部分の紹介は以上である。

7章　神と和解させられた人間について

本書はバルト神学入門であるので、もちろん、彼の神学全部を紹介する必要はない。われわれはむしろ、バルト神学の中心である、「和解論」に集中して学んできた。その関連で、本書は最後に、神と人間の「和解」のもう一方のパートナーである「人間」について、バルトがどのように述べているか紹介したい。すなわち、「まことに人」(vere homo) たるイエス・キリストの人性から見た場合、「神と和解させられた人間」とはどのような存在であるかについて、また、彼がどのように善く造られているかについて、そして、その最後の命運である、「永遠の命」の授与とはどのような事柄であるかについて述べたい。バルトによれば、キリスト教教義学の「中心」(Mitte) は「和解論」であり、その「周辺」(Umkreis) に「創造論」と「完成論」が配置される。まず、その「周辺」の一方である創造論の中から、特に「人間がどのように造られているか」の部分 (KD III/2) に集中して紹介したい。

神に善く造られた人間

バルト神学の中には、人間を直接観察してそこから人間について論ずる、「人間論」または「人類学」という部分はない。それは、彼が直接神について論ずることをしないのと同じ理由による。すなわち、「自然神学」を避けるためである。したがって、「現実の人間 (der wirkliche Mensch) とはどのようなものか」について論ずる場合 (vgl. KD III/2, §44, 3 [『創造論』II/1, 273 頁以下]) も、キリストが「まことに人」であることとの類比によって論じる。なぜなら、現実の人間は、キリスト者であろうとなかろうと、皆「御子に似た者となる」(1ヨハ3・2) ようにと造られており、また、終わりの日には、「霊の体」に造りかえられて (1コリ15・49)、「永遠の命」を受ける者として造られているからである。

およそ創造論というものは、バルトの場合も、ローマ・カトリック、東方オーソドクシー、プロテスタントの別なく、キリスト教の最も正統的な考え方と言われるものとあまり大きな違いはない。われわれはその中で、特にバルト的な部分に注意したい。

さっそくバルトの創造論を、特に人間論を中心に紹介したい。

第1に挙げられるべきバルトの特長は、やはり、この宇宙とわれわれ人間には創造主がおられ、ただ一人のまことの神ヤーウェがそのお方であるという事柄は、徹頭徹尾信仰においてのみ認識され得る事柄であり、カトリック神学のように、人間の自然的な宗教心や哲学的思弁によっては決して獲得され得ないとの主張である（vgl. KD III/1, S.1, Leitsatz［『創造論』I/1, 3頁参照］）。

神が天地万物の創り主であるということは、創世記1–2章やヨハ1・1–3、コロ1・15–17などから論証される。特に創世記1章の講解はアウグスティヌスのそれと共に非常に興味深い。天地創造の記述は人間の自己理解と何ら変わらない「神話」（ミュトス）ではなく、「歴史物語」（Sage, aaO, S.88ff.［同146頁以下］）という文学形式こそ用いられてはいるが、その本質は神の「自己啓示」に対するイスラエルの人々の「信仰の告白」として、解釈されなければならない。

第2に、バルトの創造論の最大の特長は、彼が他の神学者よりもはるかに厳密に、天地創造はただ「恵みの契約」の成就のみを目的としてなされたと主張していることである。それゆえに、「創造は契約の外的根拠（äußerer Grund des Bundes）である」（aaO, S.103ff.［同172頁以下］）という命題と、「契約は創造の内的根拠（innerer Grund der Schöpfung）である」（aaO, S.258ff.［同417頁以下］）という二つの命題が主張され、展開されている。最初の命題は、天地万物とその中にいる人間が、例外もなく、すべて神と人間との間に結ばれた「恵みの契約」を実現させるために必要な「創造の外的根拠」であるということ、すなわち、そのための技術的手段として造られている、ということである。その意味で、大宇宙が造られ、太陽と地球が造られ、海と陸が造られている。また、植物界、動物界があり、最後に人間が命あるものとして造られている。これらすべては、神と人間の「恵みの契約」（Gnadenbund）の成就のためであり、人間はその相手として造られている。

したがって、すべての被造物はある神的な必然性をもって造られている。創造（creatio）とは、昔の哲学者たちが考えたように「神」の「身体」が「自然的に」「流出」（emanatio）したものではないし、今日の物理学者たちが考えるように、ある時何の目的もなしに「ビッグ・バン」が起こり、全くの「偶然性」から生まれた無目的的なものでもない。創造とは、全知全能なる神の全く自由なる御意志と善き御計画に基づき、ある時「無」から、神的必然性によって起こった出来事である。それゆえ、「無からの創造（creatio ex nihilo）」という概念が肯定される。

上記の２番目の命題は、創造の目的（その「内的根拠」）は恵みの契約の成就である、と主張している。人間はその意味で、「神のかたち」に造られている（創１・26）。知・情・意を備え、言葉を持ち、御言葉を通して神を知り、神と交わり、神を愛することができるように造られている。また、全被造物は「恵みの契約」の成就に向かって「運動」（Bewegung）をし、わけてもその中心である人間は神を求め、神に向かって生きるので、一般的に、被造物の存在様式としては——神の存在様式である「永遠」とは違って——「時間」があてがわれている。神は天地万物と共に「時間」をも創造された。

人間に与えられた「時間」は、悔い改めて神に立ち帰るための時間であり、また、そのための決断をするための時間である。それゆえに、神の「永遠」とは異なり、すべての「今」はほんの一瞬しかない。言い換えれば、被造物の「今」は神の「今」のように「留まる今」（nunc stans）ではなく、「過ぎゆく今」（nunc fluens）であり、逆戻りもしない。また、「ただ一度限り」である。もしも「今」が過ぎゆかず、あるいは繰り返しが可能であったとするならば、あらゆる「今」の持つ真剣さは失われてしまうからである。そうすれば、人間の「倫理」も「信仰」も成り立たなくなってしまうのである。

最後にまた、すべての時間は終わりの日の成就と完成に向かってひた走りに走っている。特に人間は、「何かを達成しなければならない」という「時間の重荷」を背負って生きている。しかし、この重荷は人間にとっての「永遠の重荷」ではなく、いつか「終わり」があり、「永遠の憩い」がある。なぜなら、この「終わり」（死）は「滅び」ではなくて、「完成」だからである。それゆえ、時間の有限性は決して「悪」ではなく、むしろ「善」なのである。バルトの神学的宇宙観によるならば、宇宙は最後に「恵みの契約」が完成して終わるのであり、決して「大爆発」を起こして「熱死」するのでもなければ、「エントロピー増大の法則」に従って無限に拡散し、限りなく絶対零度に近づくのでもない。バルトに言わせれば、神はある時を「今日」と定めて被造物を創造され、ある時を「今日」と定めてその歴史を罪の力より贖い出し、ある時を「今日」と定めてすべてを完成される。したがって、「被造時間」全体は、いわば、嬰児がゆりかごの中で安らかに憩うように、神の永遠によって前からも後ろからも、上からも下からも囲まれていて（詩 139・5 参照）、その中に安らっているのである（KD III/2, S.556ff.［『創造論』II/3、59 頁以下］）。

ここから一つ言えることは、「契約は創造の内的根拠である」という命題から必然的に、神にとって、創造の中心は人間であるという認識が出てくることである。これは、人間が万物の霊長であるといった通俗的な考え方とは全く関係がない。この考え方は確かに今日の自然科学的宇宙観とは真正面から対立する。しかし、バルトに言わせれば、この神学的宇宙観と現代の自然科学的宇宙観とは、絶えずよく対話をし、後者によって前者が傲慢という落とし穴に堕ちることから守られなければならないと同時に、前者によって後者があらゆるイデオロギーによるゆがみから修正され、自己絶対化から解放されることによって、われわれはより正しい、神を讃美し得る宇宙観へと導かれ得るのである。

第3に、バルトの創造論の特長は、創造は「善き創造」であり、宇宙も、自然も、人間も、あらゆる考えられ得る世界の中で、最も善く造られている（創 1・31）、と述べていることである。言い換えるならば、神の創造は彼によって造られたものに対する神の絶対的然り（Ja）の無条件の対象となっている。なぜなら、創造の目的は「恵みの契約」の成就に他ならないからである。

このことは、キリスト者のみが持ち得る「信仰の告白」として理解されなければならない。いかなる世俗的な、またはヒューマニスティックな楽観主義とも、哲学的な（例えば、ライプニッツの「予定調和説」などの）楽観主義的形而上学とも、何の関係もない。

この「善き創造」という大きな枠組みの中で、バルトは人間がこの世で遭遇する「生・老・病・死」等々のいっさいの苦しみや悲しみなどの「影の側面」について、それにもかかわらず（dennoch）、それらの中にも深い慰めがあり、「泣きながら夜を過ごす人にも／（神は）喜びの歌と共に朝を迎えさせてくださる」（詩 30・6）という真理を、かなりの頁数を費やして説明している（KD III/1, S.430ff.［『創造論』I/2, 92 頁以下］）。

われわれの人生には喜びと悲しみの両方があり、その両方に意味があることをバルトは強調する。なぜなら、被造世界そのものに、「喜び」をひき起こす明るい面と、「悲しみ」の源となる「暗さ」や「影」の面があり、その全体が人生を豊かにしているからである。実際、喜びしか知らない人とは共に語るに足りないし、人生は悲しみばかりであるという人は何とはなしに嘘っぽい。どのような喜びの杯にも一片の悲しみの影が漂っているのである。

ただしバルトが、被造世界には「光」と「闇」、または、「昼」と「夜」が元々あるように造られているとは言うが（創 1・3 〜 5）、もちろん、「罪」までが神の被造物であると言っているのではない。神は「罪」の創造者ではない。人間はロボットとしてではなく、自由意志を与えられて造られているので、「罪」が犯され、被造世界に「罪」ゆえの巨大な「悪」（闇）が闖入することまでは致し方がないが、神は決して「罪」は許容なさらない。むしろ、「罪」は神によって絶対的に否！（Nein!）と語られたものでしかない。だから、神は御子によってその「罪」を滅ぼされるので、「罪が増したところには、恵みはなおいっそう満ちあふれました」（ロマ 5・20）とさえ語られている。だから、われわれはもちろん罪にとどまってはならないが、必要以上に罪におびえ、悪しき厭世主義に陥る必要もないのである。

確かに、被造世界には事実たくさんの欠如や病、醜さや不完全なもの等々がある。そして事実、生きるのは苦しく、病気も老いもつらい。特に、人間はいつか必ず死ぬということは、人生の暗さ、悲惨さの極みであると思われる。「自分」という存在はいつか必ず死ぬし、愛する者、この世でせっかくきずなを結んだ者ともいつか必ず別れる時が来る。「諸行は無常」であり、「会者定離」である。

しかし、人間は人生の苦しみや悲しみや病や死を通して、初めて神を求め、神と出会う。また、神の恩寵の無限の深さを知るようになる。その意味では、人生の苦しみや悲しみという「影」や「暗さ」は、それらがあるゆえに、「光」や「明るさ」という、創造者なる神の恵みに満ちた「然り（Ja）！」を一層人間に認識させ、際立たせているということも否定することができない。

それでは、「救済」はどこにあるのであろうか。バルトは、歴史の導き手は神なのであるから、神がすべての「暗さ」を「明るさ」に変えてくださり、「万事が益となるように共に働いて」（ロマ8・28）くださると語り、神の「摂理」を指さす。というのも、「摂理」とは、単なる「自分は幸運の星のもとに生まれている」といった根拠のない楽観主義ではないからである。「自分は神に愛され、永遠の命に入れられる」という救いの確信から生ずるのである。それはイエス・キリストの終わりの日の完成（再臨）によって初めて認識される。

この「摂理」の観点から見ると、すべてのことはイエス・キリストの十字架と復活の出来事によって説明され得る、とバルトは言う。まず、この世の「光」も「闇」も、両者とも主イエス御自身がつぶさに味わわれ、御自身のものとされている。「主のうけぬこころみも、／主の知らぬかなしみも／うつし世にあらじかし、／いずこにもみあと見ゆ」（『讃美歌』532、2）と謳われているとおりである。更にバルトは、人間が知っているすべての「闇」と「光」は、被造世界とその歴史の真ん中で起こったキリストの十字架と復活によって凌駕され、相対化されているという。事実、すべての被造物の暗さや惨めさはキリストの十字架上の叫び、「わが神、わが神、なぜわたしをお見捨てになったのですか」（マコ15・34）にあずかっていて、それによって凌駕され、完全に相対化されている。と同時に、彼の死人の中からの甦りという無限の明るさによって克服され、完全に真逆のものへと変えられている。つまり、すべての被造物の美しさや善さや明るさは、イエス・キリストの復活によって圧倒的に凌駕されていて、単なるその先ぶれにすぎなくなっているのである。

それゆえ、バルトは何の留保もなく、文字通り、被造世界は完全に、「最も善く造られている」と言うのである（KD III/1, S.443ff.［『創造論』I/2, 115 頁以下］）。

この議論は、一つには、創造者なる神の「摂理」から見なければ理解されない（vgl. KD III/3［『創造論』III/1-2 参照］）。「ハイデルベルク信仰問答」の第 26 問の答えにあるように、神の摂理を信じることによって、「われわれは、あらゆる不遇の中にも、忍耐深く、幸福の中には、感謝し、未来のことについては、われわれのより頼むべき父に、よく信頼するようになり、もはや、いかなる被造物も、われわれを、神の愛から、離れさせることはできないようになる」のである。そして第 2 に、キリストの十字架と復活によって初めて罪が除去され、神の創造の奥義が認識される。そして第 3 に、やはり、終わりの日の完成によって、一切の「不条理さ」の謎が解け、「神は万事を最善にお造りになった」ことが完全に了解される。その終わりの時に、神はわれわれの肩の上に御手を置き給い、お造りになったすべてのものをわれわれと共に御覧になって、「見よ、それは極めて良かった」（創 1・31）と言われるのである。

最後の審判と永遠の命

最後に、バルト神学における「最後の審判」と「永遠の命」について考えたい。

バルト神学の中心は、まさに「福音」の解明である。すなわちそれは、イエス・キリストの救いの全容を解明することである。彼の 82 歳の全生涯は、そのために全てが捧げられ、彼はいつも全力で疾走したと言って少しも過言ではない。

ところで、『教会教義学』の最後の、第5巻「完成論」（終末論）として書かれる予定であったものは、未着手に終わっている。第5巻の執筆は、当初から計画の中にあった。しかし、第4巻の最後を飾る和解者なる神の叙述に付随する倫理学の基礎づけ部分（KD IV/4）が上梓されたのが、彼の死の1年前の1967年であった。だから、第5巻を執筆する余力も時間も無かったわけである。

とはいえ、彼の「完成論」がおおよそどのようなものとなるかということは、それまでの『教会教義学』から、研究者の間ではほぼ明らかとなっている。それは、われわれが本書133頁以下で述べたとおり、「最後の審判」の意味合い等々がやや一般の理解とは異なってくることを除けば、「使徒信条」に告白されているとおりである。すなわち、「終わりの日の甦り」、「最後の審判」、「永遠の命」といった諸条項がほぼ一般に理解されている通りに成就すると考えてよい。

これらについて、簡単に述べたい[91]。

終わりの日にはキリストがすべての人の前に御姿を顕し、すべての人に対して手とわき腹の傷痕をお示しになり、十字架の恵みを最も鮮明に明らかにされる。現在地上にいるわれわれは、主の御顔を一目見たいとどんなに心から願っても、ただ聖書を読み、祈り、地上の教会の牧師たちの説教を聴くことしかできず、「鏡に映ったものを見ている」ようにしか――古代の鏡はただ銅板を磨いただけの不出来なものなので――御姿を見ることはできない。だが、終わりの日には「顔と顔とを合わせて見ることになる」（1コリ13・12）。そこにおいてわれわれは、既に成就した福音を聞き、自分自身に関する「判決書」を手渡されることになろう。そこで改めて福音を受け入れるか否かの決断が問われるわけではない。つまり、その時には生前信じてキリスト者の道を歩み通した者も、信じないで自分の虚偽の生活に固執して生きてきた者も、あるいはまた、一度も福音を聞く機会に恵まれず、終わりの日になってようやくそれを

91　わたしはすでに、『キリスト教の死生観』（巻末文献表55参照）206頁以下でこのテーマで書いているが、その書は理屈ばかり多くて難解であると相当に不評であるので、同じことをもう一度本書で分かりやすく書き直したい。

知らされる者も、等しく、福音の全容を知ることになるわけである。

なぜその時には、もはや決断も悔い改めもできないのかと言えば、バルトはその理由を明確に述べている。なぜなら、バルトの人間論によれば、人間に与えられた「人生時間」は誕生から死までの有限なものであって、「死」はバルトにとって、「完全死」（Ganztod, vgl. KD III/2, S.714ff.［『創造論』II/3, 344頁以下参照］）だからである。ギリシア哲学をはじめ、非常に多くの宗教が教えているように、肉体は滅びるが魂は不滅である、ということでは全くない。それは人間の願望の単なる投影であって、自然神学でしかない。死によって肉体（〔羅〕コルプス、〔希〕ソーマ）も魂（〔羅〕アニマ、〔希〕プシュケ―）も完全に滅びる。それは、人間は自分が生きている間だけが、己の意志を持った「主体」（Subjekt）であり、「自由意志」（liberum arbitrium）を行使できる「時間」だからである。それだけが、彼が神を愛し、隣人を愛するために与えられた「持ち時間」である。もしも死んだ後でもう一度悔い改める機会があるとするならば、人間の地上における信仰的・倫理的な決断のあらゆる真剣さが失われてしまう。それはあってはならないことなのである。バルトは極めて厳かな口調で繰り返し断言する。信じ、神に従うために神から与えられた「時」とは、その人の誕生から死の瞬間までの「人生時間」（Lebenszeit）だけである、と。それだから、「今」という時間はそれこそ「一期一会」であり、決して二度も三度も繰り返されたりはしない。それは、一瞬一瞬の「時」が神に帰るための無限に尊い決断のために与えられた時間だからである。死の後には安息があり、人間には永遠の運動は課せられていないのである。

では、「永遠の命」に入る直前に置かれた「最後の審判」とは、どのようなものと考えたらよいのであろうか。また、そこにおいて、一人ひとりの人間にはどのような「判決書」が手渡されるのであろうか。そこにはただ、イエス・キリストが彼に与えた恵みと憐れみのこと、すなわち、福音のことしか書かれていないのであろうか。それとも、まさにその人自身の全生涯と各瞬間に対する神の判決のことも書かれているのであろうか。

バルト神学の全体からするならば、一人ひとりの人間は——キリスト者であろうとなかろうと——神の御言葉のもとに、すなわち、「福音」と「律法」の下に生きていた。「律法」とはすなわち、「あなたは心を尽くし、魂を尽くし、力を尽くして、あなたの神、主を愛しなさい」(申6・5)の戒めと、「自分自身を愛するように隣人を愛しなさい」(レビ19・18)の二つの戒めのことである。だとすれば、この「福音」と「律法」という神の御言葉の下に、一人ひとりがどのように地上の生を生きたかという最後の判断(審判)は、一人ひとりが自分勝手に下し、勝手に満足や不満足を味わえばよいといったことではなくて、ただ神の言葉の主、すなわち、彼の創造主なる神のみがその「福音」と「律法」に基づいてなさるものでなければならない。でなければ、「最後の審判」はまるでなかったも同然となり、各人の生の一瞬一瞬は全く均一化・無化され、何の意味もなかったことになってしまう。そうではなくて、神が評価してくださる。それを一人ひとりが聴いて確かめなければ、バルト神学からすれば、歴史は終わらないのである。

さて、ここでわたしは、バルトがどこでもそこまでは語っていない事柄、すなわち、神の「記憶」のことを、自分の推測に基づいて語らなければならない。ただし、バルトからすれば、もし彼が生きていて『教会教義学』の第5巻を書いたとするならば、彼がきっとそのような、または、それに大変よく似た展開を試みた違いない、と思われる事柄を書く。これはわたしが若い頃に読んだ、アウグスティヌスの『告白』の中の、「記憶」に関する考察[92]をヒントに考え付いたものである。したがってこれは、わたしが自分の責任において再構成した、わたしが予想する内容に過ぎない。ただし、バルトのテキストに全く根拠を置いていないわけではない。

わたしはバルトの全神学から学んで、次のように考えた——。

ある人に判決が下されるためには、その人が考え、行った事柄の一部始終が詳細に「記憶」されていなければならない。例えば、イエス・キ

92 Augustinus, Conf., X.〔『アウグスティヌス著作集 5/II 告白録(下)』宮谷宣史訳、教文館、2007年、77頁以下〕

リストの十字架の御業に対して「父の判決」が下されるのは（本書 125 頁以下参照）、それが父なる神の記憶の中にあるからである。それと同様、人間一人ひとりの生涯に――それらがいかに罪深い生涯であったにせよ、またはその正反対であったにせよ、それらについての神の判決が下され得るためには、それらの一部始終が神によって完全に記憶されていなければならない。

もちろん、一人ひとりの記憶は彼自身の中にはもはやない。人は老いれば記憶を次第に喪失する。死んだら彼の魂同様、彼の記憶も彼の中にはなく、彼の友人たちもいずれ死ぬから、彼らの中にもいずれなくなる。しかし、完全に消えてしまったわけではなく、神の中にある。それだから、逆に考えれば、神がすべてを記憶していてくださり、終わりの日にそれを再び一人ひとりに返してくださるのであれば、われわれは認知症になっても安んじて記憶を失うことができるわけである。終わりの日には、神がわれわれに自分自身が誰であり、何をしたかを思い出させてくださる。過去の一切の記憶を――美しいものも、輝かしいものも、懐かしいものも、その反対であるものも、すべてを完全に、鮮明に思い出させてくださる。神はわれわれ一人ひとりのことを、かつて生きていて、考え、苦しんだり喜んだりしながら真剣に生きていた、その全生涯の日々を――それらを慈しみいとおしんでくださるゆえに―― 一部始終覚えていてくださる。われわれがこの地上で生きている一瞬一瞬は、永遠に失われないであろう。その一瞬一瞬には、永遠の深い意味があったからである。そして、終わりの日に神がその総決算をしてくださるということもまた、大きな福音である。それが少しでも立派で功績があったからではない。それが罪にまみれていたとしても、そのお方が罪を赦してわれわれを完全に受け入れてくださるお方であると知るなら――実際、われわれはそれを知るようになるのである！――、われわれは安んじて自分の罪をそのお方の前で認め、喜んで告白し、受け入れることができる。彼はわれわれを愛して罪に定めず、御自分のものとしてくださり、一生の間共にいて、「わたしは、不従順で反抗する民に、一日中手を差し伸べた」（ロマ 10・21）と書かれているように、慰め、励まし、警告と叱責の言葉を掛け続けてくださった。この神に、永遠の栄光がわれわれの心の最も奥深いところから沸き上がり、ささげられることができるように、神はわれわれを記憶にとどめておいてくださるのである。

神との出会いだけでなく、他者との地上の出会いも何一つ失われずにとどめておいてくださる。神が「あなたの隣人を愛しなさい」と命じてくださったからである。それゆえ、隣人との出会いもまた、それぞれ無限に深い意味があることになる。われわれが地上にいる間、隣人を本当に愛したかどうか、優しい言葉を掛けてあげたかどうか、その罪を赦したかどうか、それともそうではなかったかにも、深い意味があることになる。だから、キリスト教は「個人の復活」ではなくて、全人類の復活を説いているのである。

したがって、神がわれわれに手渡される「判決書」は完璧で正確であり、われわれにもよく理解できるものである。われわれはその判決書を感謝して受け取る。

その時に、バルトによれば、一人ひとりの地上の生は「栄光に包まれる（Verherrlichung）」という。ここの部分は、バルト自身が彼の「創造論」の中で明確に述べているところであり、わたしの推測による展開ではない。それは彼が、人間の「死」について論じた「人間論」の最後の、人間の「死」が絶対の死、「完全死」（Ganztod）であると述べたすぐ後である。バルトは、終わりの日には、死の彼岸に地上の生の楽しかるべき「延長」がほんの少しでもあるのではなく、むしろ、彼が地上に生きていた生が「栄光に包まれること」（Verherrlichung, KD III/2, S.771［『創造論』II/3, 447頁］）が起こる、と述べている。彼はこう言っている。「まさに彼の時間の中でのこの彼の存在が、従ってその始まりから終わりまでが、恵み深い神のまなざしの前で、したがって彼自身と他のすべての人々のまなざしの前で、――彼がもうけた恥辱において、しかしまた、彼がもうけたのではない栄光において、明らかとなり、そして神によって、また神の中で、永遠の命であるであろう」（aaO［同］、強調：原文）と。この文章の意味は、恐らく、バルトがその著作の中でしばしば引用するコロサイの信徒への手紙3章3節以下の御言葉、「あなたがたは死んだのであって、あなたがたの命は、キリストと共に神の内に隠されているのです。あなたがたの命であるキリストが現れるとき、あなたがたも、キリストと共に栄光に包まれて現れるでしょう」との意味であろう。すなわち、終わりの日には、一人ひとりが地上で生きていた日々が何であったかがキリストの栄光に包まれて現れる、ということである。その時、われわれの地上の日々はそれ自体の栄光によってではなく——なぜなら、それらは大部分恥辱に満ちたものでしかないであろうから——神の恵みにより、キリストに愛された者として、キリストの栄光によって包まれて、われわれに与え返されるであろう、という意味である。それだから、彼の“Verherrlichung”という言葉を単純に「栄（光）化」と訳してはいけない。そうではなく、彼はギリシア語の「ファネローテーセスタイ・エン・ドクセー」（コロ3・4）を考えているので、「〔キリストの〕栄光に包まれること」と訳すべきである。それだから、それは今地上で一人の人が洗礼を受ける時に、全教会が喜びに包まれるのに似ている。栄光と讃美はキリストに捧げられるのである。

その後に、われわれは「神の都」に入り（黙21・22以下参照）、「シオンの山、生ける神の都、天のエルサレム、無数の天使たちの祝いの集まり」（ヘブ12・22）に入れられるであろう。

以上のことは、バルトの神学とも一致する、と考える。

なお、言い忘れていたが、終わりの日に墓の中から呼び出され、甦るのは、パウロの言葉で言えば、「霊の体」（〔希〕ソーマ・プニュマティコン、1コリ15・44）であって、神の御霊によって完全に支配された、それゆえに、もはや罪を犯し得ない「体」（〔希〕ソーマ）である。その人の「肉」（〔希〕サルクス）、すなわち、「魂〔知・情・意と運動と感覚をつかさどる中枢神経など〕によって支配された体」が主体である時間は、もう天上では存在しない。「死の後での被造物の生は、『その後』としてはただ神だけが問題になりうるのであるから、どのような場合にも、またどのような意味でも、神に基づき神と共なる〔聖霊に完全に支配された〕生以外のものではありえない。すなわち、被造物に固有の生ではなくて、神からの贈り物としての生以外のものではあり得ない……被造物の不死の生、すなわち、死に抗し死を克服し、それを背後にし、死によってもはや脅かされない生は、決して自力で生き続けることではなくて、もしそのようなものがあるとすれば、神に基づく、また神と共なる被造物の新しい生としてだけ理解できる。神御自身の生と同様に、神から被造物に贈られた生――永遠の生としてだけ理解できる」（KD IV/3, S.358〔『和解論』III/2, 252頁〕）とバルトは明確に述べている。バルトにとって、人間が神から与えられる「永遠の生命」とはこのことである。それは、神との完全な交わりに入れられた「霊の体」の生である。

バルトにとって、神の永遠の御心は変わらない。歴史の意味は「すべての人が、父を敬うように、子をも敬うようになる」（ヨハ5・23）ことによって、三位一体なる神に永遠の栄光が捧げられることである。このことをバルト神学はわれわれに証ししているのである。

彼は1968年12月10日の夜明けのある時点で、「誰にも気づかれずに死んでいた。彼は眠っているかのように横たわっていた。手は自然に、夕べの祈りの形に組まれたままだった。朝になってネリ夫人が、モーツァルトのレコードをバックに流しながら、彼をそっと起こそうとしたとき、このような姿で死を迎えた彼を見たのである」（『バルト伝』712頁）。

8章　バルト神学の今日的意義

バルト神学について、その中心的な関心事が何であるかに焦点を合わせていささか内容的な紹介をも述べることができたので、最後に短く、彼の神学が持つ今日的な意義についての私見を述べて結びとしたい。

やはり、誰もが関心を持つのは二つの点であろう。第1は彼の「恵みの選び」の教説の当否について、そして第2に、彼の審判代受的贖罪論の当否であろう。これらは内容的に深くつながっており、一方が承認されれば、大体において、他方も承認されることになる。これらと内的に深くつながっているのが、バルトの「現在的終末論」であるが、これは彼の「審判代受説」が承認されれば、論理必然的に肯定される。したがって、これら三者はいわば一体となっていると考えてさしつかえない。

では、これらの中でどれが最も根源的な認識を形成しているのであろうか。わたしがバルトから学んで得た感触では、やはり、彼の十字架理解、すなわち、その贖罪論が、すべての「バルト的なもの」の根源にあるのではないか、と考える。つまり、イエス・キリストの十字架における《贖罪》に関する認識が、最も基本にあったのではないか、と考える。

では、従来の「刑罰代受説」とバルト的な「審判代受説」とでは、どちらが聖書に即しているであろうか。この問題は、わたし自身正直言って何十年も悩んだ問題であるが、一人の信仰者としては、わりと早く答えが出ていた。いうまでもなく、バルトの理解が聖書の福音の神髄であるに相違ないとわたしは考えている。読者はどう思われるであろうか。

バルトの贖罪論においては、十字架にお掛かりになったのは「神性」におけるイエス・キリストである。それゆえ「神の死」ということがカルヴァンよりもずっと明確に出ている。また、神の御子がわれわれ人間を救ってくださったのは、単に罪の刑罰を受ける「苦しみ」からではなくて、罪によって裁かれて捨てられるべきわれわれの「存在」自体であると思われるので（マコ 15・34 参照）、やはり、「刑罰代受」では足りず、「審判代受」でなければならないと考える。それであってこそ、神の無限の愛が自分にも与えられている、「死も生も、天使も支配者も、現在のものも将来のものも……その他どんな被造物も、わたしたちの主キリスト・イエスにおける神の愛から、わたしたちを引き離すことはできないのである」（ロマ 8・38−39、口語訳）との「確信」と「喜び」が、明確となってくるのではないか。また、この福音は、わたしだけでなく、どの人の《心》にも、したがって、われわれ日本人の《心》にも届き、喜びを与えるのではないか。

であるとするならば、わたしの理解によれば、バルト神学は 19 世紀以来世界中の教会を悩ませてきた、「近代自由主義神学」の桎梏を取り除いた神学として理解される。その根本的な理由は、近代自由主義神学が古代教会で異端とされたアレイオス主義に立ち、贖罪論においては「道徳感化説」を掲げていたからである。バルトの生きた時代は近代自由主義神学全盛の時代であった。しかし、将来の「神学史」の教科書では、「道徳感化説」に依拠する「プロテスタント自由主義神学」は、大いなる周り道として評価されることになるのではないか。

以上は神学史の中でのバルトの位置づけである。

しかし、本書の「はじめに」で述べておいたように（本書3頁以下参照）、バルト神学を狭い「神学」というアカデミズムの中に閉じ込めて、そこで評価してしまってはいけない。そのために、わたしは本書の副題としてわざわざ「21世紀に和解を語る神学」をつけた。最後にそのことを述べて本書を閉じたい。

われわれは現代を、どのような視点から捉えなければならないのであろうか。その一つの視点は、今日の人間が誰でも自分に正義があると考え、その基準で他者を裁く存在となった、ということではないか。そのことが、きわめて大規模で集団的な仕方で行われるようになったのが、この「世俗化」の時代であると考える。

バルト神学は、「世界の贖罪を成し遂げられた神」の福音を説いている。それゆえまた、「世界の和解」という新しい希望を説く神学でもある。すなわち、このわれわれの21世紀が「和解の世紀となる」という希望を指し示す神学である。

バルトは「審判代受的贖罪論」を説いた。それは、裁きはもうすんだ、ということである。そこからバルトは、人間の最も深い、根源的な罪とは、他者を裁く傲慢の罪だ、と言っている。実際、裁くことほど世の中に大きな害毒を流しているものはない。バルトは言っている。「すべての人間がすべての罪を犯すというわけではない。しかし、他のすべての罪の本質であり源であるこの〔裁き人となるという〕罪は、すべての人間が犯す。そのような罪を犯さないなどということを、誰一人として誇れるものはいない。そして、まさにそのことこそ、神の御子の到来によって、不正の行為としてあらわにされ、否定され、断罪されたことであり、御子の到来を審きのための到来とし、その救い主としての職を、われわれの審判者の職たらしめるものである」（KD IV/1, S.242［『和解論』I/2、116頁以下］）と。裁かれた者は必ず相手を裁き返す。それゆえ、いったん一人の人が裁き人となると、たちまちそれはドミノ式に伝播してゆく。まさしく、「一人の人によって罪が世に入り、罪によって死が入り込んだように、死はすべての人に及んだのです。すべての人が罪を犯したからです」（ロマ5・12）とある通りである。つまり、人間の数だけ「正しさ」や「正義」が世界に溢れるようになって、「万人の万人に対する闘争」（bellum omnium contra omnes、ホッブス）の世界が現出したのである。現代の真の危機は、「パンデミック」とか「地球温暖化」とか「核戦争の危機」などといろいろなことが言われるが、それだけではどこかで他人事のように聞こえてしまう。ロシアがウクライナに戦争を仕掛けたことも同様である。しかし、われわれが互いに裁き合うという極めて卑近で日常的な事柄に目を向ければ、現代をもう少し違った観点から捉え直すことができるのではないか。70億の人間は、互いに団結して裁き合うようになった。

人間は、自分が正義だと思うことが行われなければ怒り、隣人の不義を成敗したいと願い、そのために徒党を組むようになった。だから、現代を理解する上で重要なことは、己を神とした「人間」は、必ず兄弟を裁くようになる、ということである。そして、自分の幸福を第一に考えるようになる。「世の中に自分ほど可愛い者はない」からだ。だから、《隣人》を自分の《仲間》ではなく、己の《力》の支配下にある《もの》にしたいと欲する。「神は死んだ」と言ったニーチェが、人間を根本的に突き動かしている最も強力で根源的な欲望は、「力への意志」（Wille zur Macht）だ、と喝破した通りだ。わたしはこれは、心理学者のフロイトが人間のすべての行動を規定している欲望を「リビドー」（性愛）と名付けたことと並列して考えられる鋭い人間洞察だと思う。つまり、フロイトが生の「自己満足（快）」を求める強烈なエネルギーを「リビドー」と名付けたことも、ニーチェがそれを確保したいと欲する生のエネルギーを「力への意志」と呼んだことも、それぞれ一理あって、どちらがより根源的であるという風に軍配を挙げることはできないと思うのである。

御承知のように、旧約聖書の創世記第3章にあるアダムとエバの堕罪の記事のすぐ次の第4章に、アダムの家に生まれた長男カインが弟アベルを殺す兄弟殺しの記事がある。まさしく現代を象徴しているのではないか。カインはほんのちょっとした不満から神に対して激高するが、神に対して手は下せないので、弟アベルを憎悪し、野に連れ出して殺してしまう（創4・8）。そのようにして、カインの殺人行為が始点となって、地球の真ん中を一本のどす黒くて太い河が流れるようになった。その両岸で毎日のように人間と人間、家族と家族、民族と民族、国家と国家同士で裁き合って流される血がその河に注がれ、その面に無数の死体がぷかぷかと浮かんで流れるようになった。そして、殺人者カインは神からこう告げられるのだ。「今、お前は呪われる者となった。お前が流した弟の血を、口を開けて飲み込んだ土よりもなお、呪われる。土を耕しても、土はもはやお前のために作物を産み出すことはない。お前は地上をさまよい、さすらう者となる」（創4・11−12）、と。人間は最後には、自分をも殺すだろう。すなわち、年を取って生きることに悦びや楽しみを見つけることが困難になると、生きながら徐々に死の方を選択し始めるだろう。

ただし、人間の命を惜しまれた神は、これ以上大地に血が流されることをいとわれたので、殺人者カインの命をも惜しまれた。そして、カインの額に「カインに出会う者がだれも彼を撃つことがないように」（同15節）と、一つの印をつけて言われた。「カインを殺す者は、だれであれ七倍の復讐を受けるであろう」（同）、と。神は殺人者カインの命をも保護されたのである。それでも、地上では憎しみが憎しみを生み、復讐が復讐を生んで増幅していった（同19節以下参照）。カインの子孫には竪琴を奏で、笛を吹いて人の心を慰める平和の人も現れたが（同21節参照）、青銅や鉄の武器を製造する者も現れた（同22節参照）。そして、カインから6代を数えたレメクはこう言った。「わたしは傷の報いに男を殺し／打ち傷の報いに若者を殺す。／カインのための復讐が七倍なら／レメクのためには七十七倍」（同23–24節）、と。

だから人間は、己を神とし、互いに裁き合っている間は、その「口は、呪いと苦味で満ち、／足は血を流すのに速く、／その道には破壊と悲惨がある。／彼らは平和の道を知らない」（ロマ3・14–17）と言われている。このカインが、21世紀を生きる現代人の真の姿なのである。すなわち、われわれは皆「カインの末裔」（有島武郎）なのである。なぜなら、ニーチェが言ったとおり、現代人は神を殺した[93]。それは、自分が神となるためであった。しかし、あの「カインの物語」は、人間がこの《神》を「喪失」したことによって、《兄弟》を「喪失」し（創4・9参照）、《故郷》を「喪失」した（同12節参照）、と語っている。安らかに暮らすことができる《家》や、互いに助け合い、愛し合える《家族》を失い、《家庭》を自ら「裁きの家」としてしまい、《友垣》を失い、《平安な人生》を失ってしまった。

ところで、創世記はこのカインから始まった人と人との殺し合いと復讐の連鎖の物語を、不思議な言葉で閉じているのである。「（人々が）主の御名を呼び始めたのは、この時代のことである」（同26節）と。つまり、人間が己を神として互いに殺し始めた歴史は、人間が再び神の御名を呼ぶようにならないと終わらない、と聖書は言っているのである。

ニーチェは「わたしは神を殺す」と叫び続けている。永遠に叫んでいるかもしれない。しかしこのニーチェの叫びについて、M. ハイデッガーは、「おそらくここで一人の思想家が、本当に深い淵から（de profundis）〔詩130・1参照〕叫んでいるのではないか」[94]と言っている。現代人が「神はいらない」と言っている時、どこかでそれによって、自分は生きる存在の地盤を失ったこと、少なくとも、今立っている基盤が極めて不確かでやがて崩れ落ちていくことに気づき、深い淵の底から神を

93　本書42頁注23参照。
94　M. Heidegger, Holzwege, 1950, S. 246 uö.

呼び始めたのではないか。そうであるとするならば、新約聖書がこの「アベルの血よりも立派に語る注がれた血」（ヘブ 12・24）について語っていることこそ重要である。すなわち、「兵士の一人が槍でイエスのわき腹を刺した。すると、すぐ血と水とが流れ出た。それを目撃した者が証ししており、その証しは真実である」（ヨハ 19・34 ～ 35）とある。

カール・バルトの神学もまた、イエスの十字架からこの地球という大地に浸み込み、大地を清めて贖う神の血について、証ししている。それゆえに、彼の神学は「21 世紀を新しい和解の世紀とする神学」なのである。

どうか、今いまし、昔いまし、永遠にいます、父・子・聖霊なる神に、栄光がとこしえにあるように。アーメン。

文 献 表

最後に「略号」とあるのは、本文や脚注で引用箇所を明示する場合などに用いる略号を表す。

バルト（Karl Barth）のもの

重要なもののみを記す

1, Predigten 1913, Ges. Ausgabe 8, hrsg. Nelly Barth und Gerhard Sauter. Zürich: Theologischer Verlag, 1976.

2, Predigten 1914, Ges. Ausgabe 5, hrsg. Ursula und Jochen Fähler. Zürich: Theologischer Verlag, 1974.

3, Auf das Reich Gottes warten (Rezension: Christoph Blumhardt, Haus-Andachten, 1916). In: Der freie Schweizer Arbeiter, Nr. 47 (1916).

4, Der Christ in der Gesellschaft. Würzburg: Patmosverlag, 1920. [「社会の中のキリスト者」村上伸訳、『カール・バルト著作集 6』新教出版社、1969 年、25 頁以下] 通称「タムバッハ講演」。後に Das Wort Gottes und die Theologie (Ges. Vorträge). München: Chr. Kaiser, 1924 として出版されている。本書における引用はこの復刻版から為される。略号：『著作集 6』。

5, Der Römerbrief. Zweite (völlig veränderte) Auflage. München: Chr. Kaiser, 1922, 略号：RB. [『ローマ書講解 上、下』平凡社ライブラリー 396、小川圭治・岩波哲男訳、2001 年、略号：『ロマ書』上／下]

6, Das Wort Gottes als Aufgabe der Theologie. In: Christliche Welt, 36. Jg. (1922), S. 858-873. 本書での引用は Anfänge der dialektischen Theologie, hrsg. von Jürgen Moltmann, Teil 1 (Theologische Bücherei 17). München: Chr. Kaiser, 1966 による。略号：WG. [「神学の課題としての神の言葉」大宮溥訳、『カール・バルト著作集 1』新教出版社、1968 年、略号：『著作集 1』]

7, Not und Verheißung der christlichen Verkündigung. In: ZdZ, Heft I (1922), S. 1-25.

8, Das Problem der Ethik in der Gegenwart. In: ZdZ, Heft II (1923), S. 30-57. [「現代における倫理学の問題」吉永正義訳、『カール・バルト著作集 5』新教出版社、1986 年]

9, Ein Briefwechsel zwischen K. Barth und A. von Harnack. In: Christliche Welt, 37. Jg. (1923), Heft 1/2, 5/6, 9/10, 16/17, 20/21. [「アドルフ・フォン・ハルナックとの往復書簡」水垣渉訳、『カール・バルト著作集 1』新教出版社、1968 年]

10, Komm, Schöpfer Geist! (Predigtsammlung von K. Barth und E. Thurneysen). München: Chr. Kaiser, 1924.

11, Die Auferstehung der Toten. München: Chr. Kaiser, 1924.［「死人の復活――第一コリント書一五章についての大学の講義」山本和訳、『カール・バルト著作集 15』新教出版社、1981 年］

12, Das Schriftprinzip der reformierten Kirche. In: ZdZ, Heft III (1925), S. 215-245.

13, Rechtfertigung und Heiligung. In: ZdZ V (1927), S. 281-309.［「義認と聖化」吉永正義訳、『カール・バルト著作集 5』新教出版社、1986 年］

14, Die Lehre vom Worte Gottes. Prolegomena zur christlichen Dogmatik. München: Chr. Kaiser, 1927.

15, Die Theologie und die Kirche (Ges. Vorträge). München: Chr. Kaiser, 1928.

16, Schicksal und Idee in der Theologie. In: ZdZ, Heft VII (1929), S. 309-348.

17, Die Lehre von den Sakramenten. In: ZdZ, Heft VII (1929), S. 426-460.

18, Zur Lehre vom Heiligen Geist (Mit Heinrich Barth). In: Beiheft 1 zu ZdZ (1930).

19, Fides quaerens intellectum. Anselms Beweis der Existenz Gottes im Zusammenhang seines theologischen Programms. München: Chr. Kaiser, 1931. 略号：FA.［「知解を求める信仰――アンセルムスの神の存在の証明」吉永正義訳、『カール・バルト著作集 8』新教出版社、1983 年。略号：『著作集 8』］

20. Kirchliche Dogmatik, 12 Bde., 1932-1976. 略号：KD.［『教会教義学』全 36 巻、新教出版社、1959-1996 年］

21, KD I/1. München Chr. Kaiser, 1932［吉永正義訳、略号：『神の言葉』I/1-2］

22, KD I/2. Zollikon-Zürich: Evangelischer Verlag AG., 1938.［吉永正義訳、略号：『神の言葉』II/1-4］

23, KD II/1. Ders., 1940.［吉永正義訳、略号：『神論』I/1-3］

24, KD II/2. Ders., 1942.［吉永正義訳、略号：『神論』II/1-3］

25, KD III/1. Ders., 1945.［吉永正義訳、略号：『創造論』I/1-2］

26, KD III/2. Ders., 1948.［管円吉、吉永正義訳、略号：『創造論』II/1-3］

27, KD III/3. Ders., 1950.［吉永正義訳、略号：『創造論』III/1-2］

28, KD III/4. Ders., 1951.［吉永正義訳、略号：『創造論』IV/1-4］

29, KD IV/1. Ders., 1953.［井上良雄訳、略号：『和解論』I/1-4］

30, KD IV/2. Ders., 1955.［井上良雄訳、略号：『和解論』II/1-4］

31, KD IV/3. Ders., 1959.［井上良雄訳、略号：『和解論』III/1-4］

32, KD IV/4 (Fragmente aus dem Nachlaß). Zürich: Theologischer Verlag, 1967.［井上良雄訳、略号：『和解論』IV］

33, Das erste Gebot als theologisches Axiom. In: ZdZ, Heft XI (1933), S. 297-314.

34, Theologische Existenz heute, Heft 1. München: Chr. Kaiser, 1933.［「今日の神学的実存」雨宮栄一訳、『カール・バルト著作集 6』新教出版社、1969 年］

35, Nein! Antwort an Emil Brunner (Theologische Existenz heute, Heft 14). München: Chr. Kaiser, 1934.

36, Evangelium und Gesetz (Theologische Existenz heute, Heft 32). München: Chr. Kaiser, 1935. [「福音と律法」井上良雄訳、『カール・バルト著作集 5』新教出版社、1986 年]

37, Gottes Gnadenwahl (Theologische Existenz heute, Heft 47). München: Chr. Kaiser, 1936. [「神の恵みの選び」蓮見和男訳、『カール・バルト著作集 3』新教出版社、1997 年]

38, Dogmatik im Grundriß. Zollikon-Zürich: Evangelischer Verlag AG, 1947. [『教義学要綱』井上良雄訳、新教出版社、1993 年]

39, Einführung in die evangelische Theologie. Zürich: Theologischer Verlag, 1962. [「福音主義神学入門」『カール・バルト著作集 10』加藤常昭訳、新教出版社、1968 年]

40, Nachwort zur Schleiermacher-Auswahl. In: Siebenstern-Taschenbuch 113/114. München u. Hamburg: Siebenstern-Taschenbuch Verlag, 1968. [バルト「シュライエルマッハーとわたし」、ユルゲン・ファングマイアー『神学者カール・バルト』加藤常昭・蘇光正共訳、日本基督教団出版局、1971 年、所収]

41, Letzte Zeugnisse. Zürich: EVZ-Verlag, 1969. [『最後の証し』小塩節・野口薫共訳、新教出版社、1973 年]

バルトの研究書関連

バルトと直接関係のあるもののみを記す。

42, H. U. von Balthasar, Karl Barth. Darstellung und Deutung seiner Theologie. Köln: Verlag Jakob Hegner, 1962.

43, H. Bouillard, Karl Barth, Bd. II: Parole de Dieu et existence humaine. Paris: Aubier, 1957.

44, E. Busch, Karl Barths Lebenslauf nach seinen Briefen und autobiographischen Texten. München: Chr. Kaiser, 1975. [エーバハルト・ブッシュ『カール・バルトの生涯 1886-1968』小川圭治訳、新教出版社、1989 年、略号:『バルト伝』]

45, E. Busch, Karl Barth. Einblicke in seine Theologie. Göttingen: Vandenhoeck & Ruprecht, 2008. [エーバハルト・ブッシュ『バルト神学入門』佐藤司郎訳、新教出版社、2009 年]

46, 大木英夫『バルト』人類の知的遺産 72、講談社、1984 年、略号:『バルト』。

47, E. Jüngel, Gottes Sein ist im Werden. Tübingen: Mohr Siebeck, 1964. [エーバハルト・ユンゲル『神の存在——バルト神学研究』大木英夫・佐藤司郎共訳、ヨルダン社、1984 年]

48, F.-W. Marquardt, Theologie und Sozialismus. Das Beispiel Karl Barths. München: Chr. Kaiser, 1972.

49, H. Gollwitzer, Die Existenz Gottes im Bekenntnis des Glaubens. München: Chr. Kaiser, 1963.

50, C. E. Gunton, *The Barth Lectures*, transcribed and edited by P. Brazier. New York: T&T Clark, 2007.

51, 井上良雄『神の国の証人ブルームハルト父子――待ちつつ急ぎつつ』新教出版社、1982 年。

52, A. Jülicher, Ein moderner Paulusausleger. In: Christliche Welt, 34. Jg. (1920), Nr. 29, Sp. 453-457.

53, E. Brunner, Der Römerbrief von Karl Barth (eine zeitgemäße unmoderne Paraphrase). In: Kirchenblatt für die reformierte Schweiz, 34. Jg. Nr. 8 (22. Februar 1919), S. 29-32.

54, R. Bultmann, Karl Barths, "Römerbrief" in zweiter Auflage. In: Christliche Welt, 36. Jg. (1922), Nr. 18, Sp. 320-323; Nr. 19, Sp. 330-334; Nr.20, Sp. 358-361; Nr. 21, Sp. 369-373.

55, 上田光正『キリスト教の死生観』教文館、2021 年。

56, 上田光正『カール・バルトの人間論』日本基督教団出版局、1977 年。

57, J. Fangmeier, Der Theologe Karl Barth. Basel: Friedrich Reinhardt Verlag, 1969.［ユルゲン・ファングマイアー『神学者カール・バルト』加藤常昭・蘇光正共訳、日本基督教団出版局、1971 年］

あとがき

本書の執筆を思い立ったのは昨年の11月20日頃であったから、2か月少しで完成したことになる。他の本と較べて、異常に早く完成したことに驚いている。わたしも81歳になり、バルトが死んだ82歳にはあと一年足らずだから、もう時間が足りないと思っているのであろうか。

ともあれ、わたしは本書を書き終えることができたことで、大きな肩の荷を下ろすことができた。これで約60年間バルトを読み続けてきた成果を一冊にまとめることができた。このことが日本の教会の植村正久以来の宿願であった、神学の伸長と諸教派・諸教会の一致協力による伝道強化に、幾らかでも資するならばこの上ない幸いである。また、福音を求める人々にその証しとなったなら望外の喜びである。

本書執筆中に、一家3人（義姉、妻とわたし）がコロナにかかり、悪戦苦闘した。妻は10日間ほど入院した。わたしはほぼ無症状であったが、看病と3人分の1日3食の準備等々に明け暮れた。おかげさまで伊東市のどこにどんなお店があり、どこが安いかなどを知った。

一家3人で小さな食卓を囲み、共にお互いの笑顔を見ることができる幸せを覚える。神は人生を限りなく美しく善くお造りになったとこの頃しみじみと思う。また、遠くで寒さに苦しむウクライナの人々のことを毎日のように思う。神に祈る。どうか、すべての人々が福音を信じ、神の御心が天で行われるとおり、地でも行われますように、と。

末筆となったが、本書の出版に当たっては、日本キリスト教団出版局の飯光局長代行と出版局の土肥研一先生には大いなる御好誼と御配慮・御尽力を頂いた。また、実務に当たってこの上ない誠実なお仕事をしてくださった伊東正道様には特別深い感謝の意を表したい。

2023年1月29日

著者識

上田光正（うえだ　みつまさ）

1942 年、東京生まれ。
1966 年、東京神学大学大学院修士課程修了。
1968 年、東京大学大学院修士課程修了（哲学）。
1968-1973 年、ドイツ留学。神学博士号取得（組織神学）。
帰国後、日本基督教団安芸教会、若草教会、美竹教会、曳舟教会牧師を歴任。
現在は日本基督教団伊東教会協力牧師。

おもな著書
『カール・バルトの人間論』日本基督教団出版局、1977 年
『聖書論』日本基督教団出版局、1992 年
『日本の伝道を考える第 1 巻　日本人の宗教性とキリスト教』教文館、2015 年
『　〃　〃　第 2 巻　和解の福音』同、2015 年
『　〃　〃　第 3 巻　伝道する教会の形成』同、2015 年
『　〃　〃　第 4 巻　日本の教会の活性化のために』同、2017 年
『　〃　〃　第 5 巻　キリストへの愛と忠誠に生きる教会』同、2017 年
『キリスト教の死生観』教文館、2021 年

カール・バルト入門——21 世紀に和解を語る神学

2023 年　7 月 24 日　初版発行

著者 ………… 上 田 光 正
発行 ………… 日本キリスト教団出版局
〒 169-0051　東京都新宿区西早稲田 2-3-18
電話・営業 03（3204）0422、編集 03（3204）0424
https://bp-uccj.jp
印刷・製本…… 精興社
装幀 … 熊谷博人
ISBN 978-4-8184-1139-5　C0016　日キ販
Printed in Japan

日本キリスト教団出版局

キリスト論 序説

人間の人間性への転換

H.J. イーヴァント著、鈴木和男訳

A5 判、346 頁

バルトをして、「彼は炎である。わたし以上のものを持っている」と驚嘆せしめたイーヴァントが、ルターの最奥の関心事であったキリスト論の核心とその独自性を、挑発的・刺激的な論調で展開する。 7800 円

ドイツ教会闘争の史的背景

雨宮栄一

四六判、362 頁

第一次大戦敗戦、ナチス台頭からバルメン宣言に至るまでのドイツ教会闘争前史を詳述。ナチスに迎合した「ドイツ的キリスト者」の勃興と批判、告白教会誕生に至る時代的背景、ナチスの教会統制の過程を概観する。 2800 円

《オンデマンド版》

バルメン宣言研究

ドイツ教会闘争史序説

雨宮栄一

四六判、348 頁

ナチスとドイツ的キリスト者信仰運動に抗して、ドイツ福音主義教会が発した「バルメン宣言」。ドイツ教会闘争初期の歴史をたどりながら、その歴史的必然性と神学的意味を明らかにする。

3900 円

現代キリスト教神学 上

理解を求める信仰

D.L. ミグリオリ著、下田尾治郎訳

A5 判、346 頁

古典的神学から現代神学まで視野に入れた、現代英米圏で愛用され続ける最良の組織神学概論の新改訂版。上巻は神学序論、啓示論、正典論、三位一体論、創造論、摂理論・神義論、人間論、キリスト論、解放の諸神学を収録。 4200 円

神について いかに語りうるか

プロティノスからウィトゲンシュタインまで

W. シュスラー編、芦名定道監訳

A5 判、490 頁

「神／絶対について人間はどのように語ることができるのか」。神学・哲学の根源的テーマに取り組んだ、古代の哲学者や教父から、トマス・アクィナス、現代の神学者・哲学者、道教・仏教まで、古今東西の議論を紹介。 6500 円

キリスト論論争史

小高 毅、水垣 渉著

A5 判、588 頁

キリスト教信仰の中心がイエス・キリストにあるゆえに、キリスト論は教会内部でも他宗教との関係においても問題化せざるを得ない。初代教会から現代に至る、キリスト論論争の展開を詳述。

9500 円

価格は本体価格。重版の際に定価が変わることがあります。